A SOLAS

SILVIA CONGOST

A SOLAS

DESCUBRE EL PLACER DE ESTAR CONTIGO MISMO

zenith

Obra editada en colaboración con Editorial Planeta – España

Bajo el sello editorial ZENITH M.R.
Avenida Presidente Masarik núm. 111,
Piso 2, Polanco V Sección, Miguel Hidalgo
C.P. 11560, Ciudad de México
www.planetadelibros.com.mx
www.paidos.com.mx

Maquetación interior: Sacajugo.com
Ilustraciones de interior: © Andrés Tarazona

Primera edición impresa en España: octubre de 2019
ISBN: 978-84-08-21607-0

Primera edición impresa en México: noviembre de 2020
ISBN: 978-607-569-001-8

Impreso en los talleres de Impresora Tauro, S.A. de C.V.
Av. Año de Juárez 343, Col. Granjas San Antonio,
Iztapalapa, C.P. 09070, Ciudad de México
Impreso y hecho en México / *Printed in Mexico*

«Gracias vida por acariciarme siempre con tu valentía,
por pintar mis días sobre lienzos de armonía,
por calmar mis vientos cuando dejan de soplar.

Gracias vida por el tacto rugoso de mis cicatrices,
por acompañarme siempre en mis horas grises,
por mostrarme nuevos besos con destino a ti.

Gracias vida por dejarme a solas,
por permitirme saborear tus emociones,
por dejarme perder por tus rincones,
esos que me llevan de regreso a mí.»

«Y entonces llegaron aquellas respuestas,
que sellaron en instantes mis fugas de integridad...»

Un día tuve que soltarme y agarrarme muy fuerte de mí misma.

Tenía miedos. Muchos. Pero me di cuenta de que mis alas perdían fuerza, de que mis plumas se enredaban con las sutilezas de un día a día tenue, que la magia que habitaba en mi vida se diluía sin más...

Y lo hice. Sí. Subí a la montaña de mis sueños perdidos, inhalé ese olor que casi había olvidado, le tapé suavemente los ojos al miedo y di un paso al vacío.

En solo unos instantes, mis ojos lo comprendieron. Me explicaron que ese vacío que tanto había temido resultó estar lleno. Absolutamente lleno hasta el infinito de todo cuanto hubiera podido imaginar. Lleno de todas las historias, de todas las palabras, de todas las personas, de todas las opciones, de todos los colores. Ahora lo sé. Siempre estuvo ahí, aunque yo no lo viera. Siempre está ahí para todos, aunque no logremos verlo. Pero si queremos descubrir lo que la magia del vacío esconde, debemos aprender a soltarnos, agarrándonos fuerte a nosotros mismos y confiando en que, si nos amamos de verdad, la vida también nos amará.

INTRODUCCIÓN

Si echo la vista atrás, desde que tuve mi primera relación importante, aquella en la que acabé creando una dependencia emocional, recuerdo haber estado muy poco tiempo sola. Lo estuve, y creo que no lo llevé mal, pero, al fin y al cabo, fue poco tiempo. Sin darme cuenta, fui encadenando una relación con otra. Todas ellas me aportaron muchas cosas, pero se fueron marchitando lentamente. Hasta que al final ha llegado un momento en el que, no sé si por azar o por una cuestión de necesidad, lo he conseguido. He logrado vivir eso que la mayoría tememos y que estaba convencida de que era imprescindible para crecer y fortalecer realmente la autoestima. Aprender a estar solos es una asignatura que jamás se nombra y que, sin embargo, al experimentarla, deja en nosotros un legado que vamos a agradecer durante el resto de nuestra vida.

Enfrentarnos a la oscuridad de los domingos por la tarde, al silencio de las noches de invierno, a los «lo siento, ya he quedado» de nuestros contactos, a la vergüenza de pedir mesa para uno, o de ir al cine solos, o de ir a cenar siendo la única persona de todo el grupo sin pareja, a las miradas compasivas de los demás, a los encuentros en familia sin acompañante, a la tristeza de organizar desde la resignación un viaje a solas, a las parejas enamoradas que de repente se multiplican a tu alrededor y se muestran más cariñosas que nunca, más felices, más sonrientes... De repente, tu cerebro solo ve todo aquello que tanto desea y no logra tener, aquello que ha perdido, tal vez porque se lo ha cargado y vive ahogado por la culpa, tal vez porque le dejaron y se instala en la negación, en la rabia, en el desamparo o el victimismo.

Que se acabe una relación de pareja puede ser una experiencia muy diferente en función de cómo la interpretemos. Puede suponer una liberación enorme y la vuelta a la vida; conseguir por fin volver a tomar una profunda bocanada de aire fresco y recuperar el contacto con uno mismo. O puede vivirse como una terrible desgracia, como una muerte en vida, como si esa ruptura se llevara consigo nuestras ganas de seguir viviendo, como si se llevara nuestras ilusiones, nuestros proyectos, nuestra felicidad... Y cuando esto ocurre, está claro que debemos empezar lo antes posible un proceso para adaptarnos a ese cambio inesperado y no deseado que nos vemos obligados a experimentar.

Deseada, no deseada, buscada, provocada, inadvertida... la soledad puede adoptar muchas formas y muchos colores, pero en la mayoría de los casos es una situación que nos da miedo y nos genera rechazo, así que tratamos de evitarla a toda costa. Aunque en realidad sea necesaria y muy positiva, si solo nos relacionamos con ella desde la rabia y con una mirada de asco y repulsa, no lograremos atravesar sus tortuosos caminos hasta llegar a la propia liberación, esa que solo se consigue cuando vamos de frente, sin dejar de avanzar.

Soy consciente de que al dedicarme profesionalmente a ayudar a personas que están en relaciones tóxicas a liberarse y reconstruirse a sí mismas, el tema de cómo nos enfrentamos a la soledad ha estado siempre muy presente. De hecho, podría decir que es lo que más miedo nos da a los seres humanos. Todo lo que tenga que ver con la pérdida, el rechazo, el abandono, la imposibilidad, el «nunca más» o el «no retorno» nos asusta hasta el punto de dejarnos paralizados incluso ante situaciones verdaderamente dañinas y destructivas.

Puedo decir que en nuestros centros, llevamos años recibiendo cientos de correos en los que la gente nos pide consejo o ayuda para enfrentarse a ese miedo tan incapacitante. Por ese motivo, un día decidí escribir y colgar en nuestra web el libro electrónico, de descarga gratuita, *Cómo vencer al monstruo de la soledad*. Tras tomar conciencia de las miles de descargas que tuvo, decidí que había llegado el momento de escribir un libro más extenso y profundo sobre este tema, del que se ha hablado muy poco y del que es muy necesario hablar.

No sabemos estar solos. Nos cuesta, nos pesa, nos molesta, y la mayoría de las personas tratamos de esquivarlo. Llegamos a casa y, si no hay nadie más, lo primero que hacemos es encender el televisor, o poner algún vídeo en el ordenador, jugar a algún videojuego, llamar a alguien, tumbarnos en el sofá con el móvil y mirar qué se mueve por las redes sociales, y cosas por el estilo. Lo que sea con tal de no quedarnos en silencio escuchando nuestro cuerpo, conectando con los latidos de nuestro corazón, con el ruido de nuestra respiración, u observando la forma y el contenido de nuestros pensamientos. Eso es lo que deberíamos hacer, pero no hacemos. Es hacia lo que deberíamos ir, pero lo evitamos. No queremos enfrentarnos a la idea de que tal vez no nos guste lo que encontremos o no sepamos qué hacer con ello. Nos resulta más fácil evadirnos, tapar la boca a nuestras emociones más escondidas, buscar distracciones que nos hagan olvidar por unos momentos que estamos solos y que no hay nadie más a nuestro alrededor. Qué miedo, ¿verdad?

El libro

Este libro consta de tres partes muy diferentes, pero igual de importantes. La **primera parte** nos ayuda a comprender el tema de la soledad desde un enfoque más global y analítico, para que sepamos cómo hemos llegado al punto de que el miedo a la soledad forme parte de la vida de la mayoría de nosotros y veamos en qué medida nos condiciona. La soledad es a menudo una importante fuente de ansiedad, obsesión y depresiones, y en consecuencia, nos lleva a conductas muy dañinas para nosotros y para los demás.

La **segunda parte** la definiría como un despertar, un viaje interior o un reencuentro con tu esencia y con el verdadero sentido de la vida. Es una parte más trascendente con la que conecté al enfrentarme a mi propia soledad. Al abrirme a encontrar nuevas respuestas en un plano más profundo. Cuando me adentré en sus entrañas para poner luz a mis miedos, bajé el volumen de mis voces interiores y callé todo el ruido que habitaba en mi cuerpo desde que tengo uso de razón. Y fue entonces cuando pude abrirme y permitir que la vida se expresara a través de mí.

Soy consciente de que esto puede parecer un tanto extraño, pero descubrí que cuando dejas de luchar, de esforzarte y de angustiarte para llegar a más, entonces todo fluye. Fluyes con la vida, dejas que te lleve sin juicios, ni exigencias, ni quejas, ni rabia, ni pena ni dolor. Simplemente te permites ser uno con la vida que habita en ti y que habita en todo, y entonces, cuando conectas con esa parte tan profunda y esencial, cuando iluminas el espacio en el que habita tu ser, comprendes que la soledad es buena y necesaria, y que es la única forma que tienes de regresar a ti.

La **tercera parte** está formada por herramientas prácticas que todos podemos utilizar para ir entrando en contacto con estos espacios de soledad tan importantes y necesarios. Actividades, visualizaciones y rutinas que, si se convierten en hábitos, pueden llegar a transformar nuestra vida por completo. Estas visualizaciones podrás leerlas o, si lo prefieres, escucharlas. A muchas personas les ayuda realizar estos ejercicios con los ojos cerrados, por lo que, si accedes al apartado «**Libros**» de <**www.silviacongost.com**> e ingresas el código «**asolas**», podrás oír mi voz guiándote a través de ellas, así como recitando algunos de los poemas que hay en este libro.

A *solas* es una oda a la vulnerabilidad, al atrevimiento, a no dejarse vencer. Es un grito a la fuerza interior, a la dignidad, al enfrentamiento. Es un reencuentro con la empatía, la aceptación y la confianza, un abrazo a la amabilidad, la humanidad y la atención plena. Es un canto a la gratitud, a la autocompasión y al amor propio.

A *solas* es un viaje de regreso a la vida, a la esencia, a la verdad. Es una reconexión con nuestro ser, más allá de todo lo superficial que nos rodea. Es comprender que la armonía de nuestro entorno es un reflejo de la armonía interna que habita en cada persona y va más allá de nuestros miedos, juicios o creencias. Es la llave maestra para cambiar cuanto sea necesario, está siempre en nuestras manos.

A *solas* es el retorno a la conexión verdadera, auténtica y sincera de nuestra esencia más pura.

Así pues, dicho esto, quiero expresarte mi más sincero agradecimiento.

La soledad

Silencio.

Hay algún ruido de fondo, pero al final lo que más pesa en tu cabeza es el silencio.

El vacío.

Lo sabes... se trata de la soledad. La habías deseado, soñado, buscado y perseguido, pero ahora, sin embargo, la temes. La ves acercarse silenciosamente, oscura y perenne. Te mira fijamente, sabiendo que te da miedo. Te parece amenazante, pero si te fijas en sus ojos, te das cuenta de que en ellos ves bondad, paz, armonía y bienestar. Sabes que debes acercarte o dejar que se acerque, que no puedes esconderte de ella ni tratar de escapar porque eso es imposible. Si tratas de escapar, no va a dejar de perseguirte porque la necesitas, igual que necesitas la compañía. Debes aprender a llevarte bien con ella, a descubrir su belleza y a saborear su fondo y su forma. Debes conocerla mejor, abrir tu mente y tu corazón y hacerle un hueco. Ella no quiere apartarte del mundo ni dejarte solo, tan solo quiere ser tu amiga porque sabe que, tarde o temprano, tendréis que aprender a convivir. Es algo que todos tenemos pendiente y cuanto antes lo comprendas, antes te liberarás del miedo y la presión que este produce.

Debes aprender a amar y aceptar la soledad, a abrirle los brazos y abrazarla suavemente, disfrutando de su color y su textura. Es buena y sabia, y si deseas aprender, descubrirás que tiene mucho que enseñarte.

PRIMERA PARTE:

LA SOLEDAD

1

SERES SOCIALES

Amor, cuántos caminos hasta llegar a un beso,
¡qué soledad errante hasta tu compañía!

Pablo Neruda

Después de casi dos décadas trabajando para ayudar a aliviar el sufrimiento que tantas personas padecen debido a determinadas relaciones dañinas, me he dado cuenta de que precisamente por poner el foco en esas relaciones con los demás nos olvidamos de averiguar de qué forma deberíamos relacionarnos con nosotros mismos. Saber estar con nosotros y llenar nuestro tiempo con ingredientes y actividades que fomenten nuestra salud física, emocional y espiritual debería ser algo esencial en nuestras vidas.

Nuestra conciencia, nuestros pensamientos y nuestros sentimientos son los tres imprescindibles para el crecimiento y la mejora, y forman parte de nuestro mundo interior, ese al que solo podemos acceder estando a solas, abriéndonos con confianza y serenidad. Entonces, si crear y alimentar esos espacios es algo tan positivo para cualquiera de nosotros y nos haría sentir tan bien, ¿por qué nos cuesta tanto llegar a ello?

De entrada, podemos decir que todo ser humano tiene el instinto de agruparse (exceptuando algún caso en particular); tiene el impulso o la necesidad de entrar en contacto con otras personas. Al hacerlo, a veces sentimos una cierta sintonía, una empatía y ciertos aspectos en común, y eso hace que deseemos estrechar aún más nuestros lazos. Así, nuestro vínculo se va haciendo cada vez más fuerte y entonces aparece la amistad. Con los amigos sentimos cariño, ganas de compartir, de darnos apoyo y de ayudar, y, si además sentimos deseo, pasión y ganas de estar cerca del otro y construir un futuro de la mano, entonces aparece el amor de pareja.

También es cierto que, aunque de entrada todos busquemos de una forma u otra la compañía, en el caso de algunas personas, su manera de ser más introvertida o sus dificultades para relacionarse las hacen apartarse de los demás. Por un lado, así están más tranquilas, al no tener que enfrentarse a las posibles críticas o a que los demás vean que no están a la altura (así lo creen ellos). Pero, por el otro, actuar así, las hace sentirse profundamente desdichadas. Cuanto más se han apartado, más les cuesta romper esa barrera y cuanto más les cuesta, peor se sienten. A aquellas personas que encajan con este perfil les resultará muy difícil encontrar a alguien, ya que apenas se relacionan con nadie. Y si se relacionan, lo hacen con gente que comparte sus mismas dificultades sociales, con lo que tampoco logran ninguna mejora. Sienten un terrible miedo a quedarse solas, a no salir de allí, y afianzan esa situación viviendo su día a día rutinario y poco prometedor.

He visto a algunos pacientes con fobia social que solo se relacionaban con otros que sufrían el mismo problema. Se habían conocido en algún grupo de terapia y aunque, en un principio, el hecho de vivir lo mismo hacía que crearan una conexión, a medio plazo eso hacía que se retroalimentaran con las dificultades que experimentaban y que no salieran de ese círculo vicioso. No mejoraban. Se dice que para salir del agujero hay que dejar de cavar, y no puedo estar más de acuerdo.

Hay otras personas, en cambio, que son más sociables y no tienen problemas para relacionarse con los demás. Lo que ocurre es que han pasado mucho tiempo en una relación tóxica y, por ello, se han ido quedando sin amigos. La dependencia emocional tiene un componente obsesivo muy importante. No pensamos en nada más que en la otra persona, vivimos obsesionados con conseguir que aquella relación funcione (a pesar de saber muy bien, en lo más profundo de nuestro ser, que nunca funcionará). Nuestros amigos y seres queridos ven con una nitidez aplastante la absurdidad de la relación y ya no saben qué decirnos. Poco a poco, llenos de impotencia, se van alejando, cansados de que no les hagamos caso y elijamos seguir sufriendo al lado de alguien tóxico. Finalmente, llega un día en que por el motivo que sea la relación acaba. Es entonces cuando empieza nuestra cuesta arriba. Debemos rehacer nuestra vida, ir sanando las heridas que han quedado en nosotros y ver qué queda de la gente que antes teníamos tan cerca pero que hoy ya no está.

Esto es algo que hemos vivido muchos, te lo aseguro. Teníamos tanta energía puesta en aquella relación, ocupaba una parte tan grande de nuestra mente que, al desaparecer, nos sentimos completamente perdidos, mutilados, como si nos faltara una parte. Y lo peor de todo es que nos hemos quedado solos. A nuestro alrededor ya no queda prácticamente nadie. Eso, sin duda, duele. Puede doler tanto que incluso nos lleve a decidir retomar la relación enfermiza que sabemos bien que no nos hará felices jamás. Si lo hacemos y volvemos a ella, en cuestión de muy poco tiempo (puede que horas o incluso minutos) nos arrepentiremos.

En cualquier caso, una vez que estamos fuera, ese vacío asfixiante en el que navegamos debe ser la herramienta que nos ayude a aprender lo necesario de aquella situación, para así no volver a cometer los mismos errores. Será una cuesta arriba, pero hay que tener claro que lo más importante es ponerse en marcha. Cuando nos movamos, el camino no tardará en parecer mucho más fácil.

Otros, tras la ruptura de la relación se sustentan y apoyan en los amigos que sí siguen allí. En estos casos, cuando contamos con un apoyo y un cariño muy cercanos, nos resulta mucho más fácil recuperarnos.

Aun así, si el grupo de personas que tenemos a nuestro alrededor no se encuentra en nuestra misma situación de estar sin pareja, esto nos puede llevar a sentirnos mucho peor, a compararnos y a darnos cuenta de que tenemos que volver a empezar desde muy atrás y de que estamos solos en ello. Dependiendo de nuestra edad, puede que quienes nos rodean ya empiecen a tener hijos y sus objetivos sean completamente diferentes a los nuestros. Esto hará que nos sintamos mucho más lejos de ellos, y no nos ayudará demasiado en nuestro proceso de reconstrucción. Por ello, es muy importante que aquellas personas con las que nos agrupemos si vivimos una ruptura como la que estamos describiendo se encuentren en condiciones parecidas a las nuestras.

Es cierto que mantenerse o permanecer en una relación de pareja durante muchos años no es sinónimo de que todo vaya bien. Tener a ese alguien en quien confiar y que nos enriquezca es muy importante, por lo que hay que ser muy conscientes a la hora de elegir.

Al final, todos buscamos tener otras personas a nuestro alrededor. Insisto, somos seres sociales y, como tales, necesitamos relacionarnos con otros semejantes. Y de entre todas las relaciones, la más importante es la relación de pareja. Por este motivo, si nos vemos en un momento de nuestra vida en el que por creencias, por educación o por lo que sea sentimos que deberíamos tener pareja y no la tenemos, puede que lo llevemos francamente mal. La pérdida que más hace aflorar nuestro pánico a la soledad es la pérdida de la pareja, y no cabe duda de que se trata de una situación que, para bien o para mal, hemos vivido la gran mayoría de nosotros en un momento u otro. Por este motivo es tan importante plantearnos cuál es la mejor forma de afrontar un suceso como este.

También hay muchas personas que tienen pareja y buenos amigos, pero que igualmente tienen un verdadero problema con la soledad, con quedarse físicamente a solas y saber distraerse, con disfrutar de su tiempo, con nutrirse con aquello que les llene. Muchas personas no saben lidiar con ese espacio de soledad, relajarse, cuidarse, dedicarse tiempo en silencio, observándose desde fuera, escuchándose, permitiéndose sentir. Tal vez por miedo, tal vez por falta de autoestima, pero la cuestión es que siempre necesitan tener algún plan con alguien o algo que hacer que les distraiga, que les ayude a no tener que enfrentarse al incómodo ruido de su propio silencio. Se vuelven dependientes, y si tienen pareja, no llevan nada bien que esta haga planes por su cuenta, con sus amigos o para practicar sus aficiones. Si esto pasara la mayor parte del tiempo, está claro que sería un problema, pero estos perfiles no soportan que eso pase ni una sola vez, no son capaces de gestionarlo. Les aterra el silencio porque les recuerda al vacío helado de la soledad que sienten al saberse imperfectos y defectuosos debido a la falta de amor hacia sí mismos.

Sin duda, el peor de los casos, en el que más se sufre o peor se vive, es cuando uno está acompañado y vive un abandono por parte de su pareja (en alguna de sus posibles formas). Tener miedo a la soledad y que te lancen al vacío hacia ella es psicológica y físicamente desgarrador. No cabe duda de que todos tenemos los mecanismos psicológicos necesarios para hacerle frente, pero aun así, verse expuesto a vivirlo sin haberlo elegido requiere de un proceso de duelo que puede ser largo y tortuoso. En función de las habilidades psicológicas de cada uno, de los propios recursos a la hora de solucionar conflictos y de lo desarrollada que esté nuestra capacidad de resiliencia (todos tenemos esta capacidad), conseguiremos salir más o menos airosos de esa situación. Hay quienes transitan por esos duelos con dolor, pero sin dejar de avanzar, sabiendo que en esta vida hay cosas que no son controlables por nosotros y que hay que aceptarlas y seguir, y hay quienes se hunden en la miseria, se ponen el vestido de víctimas y no hay quien les saque de ahí. Perpetúan así su dolor, mucho más tiempo del que sería necesario. Alargan muchísimo más el proceso de recuperación y quedan atascados en ese espacio en el que sienten la necesidad de flagelarse y mostrar a toda costa su profunda desolación.

2

EL ORIGEN BIOLÓGICO DEL MIEDO A LA SOLEDAD

Casi todos los seres humanos asociamos la soledad al miedo. El miedo es una de nuestras emociones básicas y primarias que existen desde el origen de la especie y tiene la finalidad de evitar nuestra extinción. En nuestro evolucionado cerebro aún hay partes primitivas que permanecen intactas y que siguen funcionando exactamente igual que lo hacían en esos tiempos tan remotos, a pesar de que las circunstancias hayan cambiado radicalmente.

Hace millones de años, cuando empezamos a formar grupos ya como seres humanos, aprendimos que ser expulsados de la comunidad podía significar nuestra muerte. Había muchos peligros a nuestro alrededor (animales depredadores, otras tribus, etcétera), y estar solos ante todos ellos no tenía un pronóstico muy esperanzador. Podíamos ser devorados y aniquilados en cualquier momento. Por este motivo, el cerebro empezó a asociar la expulsión del grupo y la soledad como una de las situaciones más peligrosas que había que tratar de evitar a toda costa.

Al fin y al cabo, el objetivo más importante de nuestro cerebro es mantenernos con vida, y que nuestro cuerpo esté en equilibrio, buscando la homeostasis y el bienestar. De hecho, podríamos decir que nuestro cerebro tiene dos funciones básicas que explican absolutamente todo lo que hacemos: evitar sufrir y obtener placer. Si lo piensas, todo lo que haces va en una u otra de esas direcciones. Todo.

Esto también explica por qué tantas veces no conseguimos objetivos como seguir una dieta con compromiso y disciplina, hacer deporte con regularidad o realizar determinadas tareas.

Siempre que nuestro cerebro asocie una acción con la posibilidad de sufrir más (es decir, si piensa que al realizar esa conducta sufrirá más de lo que ya sufre), decidirá no hacerlo.

De la misma forma, si decide llevar algo a cabo, es porque en alguna parte de sí mismo siente o tiene la creencia o la certeza de que va a obtener placer, de que eso nos llevará a sentirnos bien, a segregar dopamina con ello. Como es algo placentero, lo perseguirá. Puede que se trate de algo que, visto con cierta perspectiva, veamos que es negativo, que al final nos deja en una situación peor, pero si lo hemos hecho, es porque el cerebro pensó que nos aportaría placer. Acciones como comer bollería a menudo, tomar bebidas muy azucaradas, quedarnos en casa tumbados en el sofá en vez de ir al gimnasio, seguir en un trabajo en el que nos sentimos estancados o incluso amargados, no dejar una relación en la que no somos felices o no separarnos de alguien que claramente nos maltrata y nos lo hace pasar muy mal, no esforzarnos al máximo para conseguir buenos resultados en algo, no acercarnos a esa chica o a ese chico que tanto nos gusta, etcétera. En todos esos casos tomamos la decisión de no hacer un cambio y seguir actuando igual porque, por ridículo o irracional que parezca, el cerebro piensa que, si lo hacemos, aún sufriremos más de lo que ya estamos sufriendo. Por ello, aunque nos hagamos una y mil veces el propósito de empezar a actuar diferente, si no cambiamos esa asociación interna, jamás lo conseguiremos.

Nuestro cerebro solo intenta protegernos, a pesar de que en muchas situaciones la forma de actuar a la que nos conduce hace que acabemos sufriendo aún más. Por este motivo, debemos ser capaces de comunicarnos con él y decirle algo así como: «Querido cerebro, siento mucha gratitud por la gran labor que realizas. Muchísimas gracias por tratar siempre de protegerme de todos los peligros y acercarme al bienestar y al placer. Te lo agradezco muchísimo. Pero en este caso, debes comprender que las consecuencias de no dar este paso que me planteo desde hace tanto tiempo son inmensamente peores que el sufrimiento que pueda sentir si lo doy. Por ello, te pido que me ayudes a conseguirlo».

Como ves, esa forma de funcionar del cerebro se activa en diferentes circunstancias y situaciones. Sin embargo, lo más importante es que seamos capaces de detectar cuándo, lejos de protegernos de algún peligro, nos está provocando aún más daño.

Por tratarse de un miedo innato que reside en los seres humanos, ya puede observarse en los niños pequeños. Cuando nacemos, somos totalmente dependientes (de hecho, somos de las pocas especies que funcionamos así) y, por ello, el abandono físico por parte de nuestra madre, nuestro padre o algún adulto que ejerza el rol de cuidador significaría nuestra muerte real en poco tiempo. Y así sigue sucediendo hasta la adolescencia, edad en la que ya somos más independientes y podemos empezar a valernos por nosotros mismos.

No obstante, al llegar a la adultez, a pesar de que nuestra supervivencia ya no depende de un cuidador, el miedo al abandono sigue siendo el más profundo que tenemos como seres humanos. Se trata del miedo último que siempre está detrás de otros miedos, como el miedo al rechazo, a la crítica o a la desaprobación, el miedo a no ser suficiente, etcétera. Y es, por supuesto, debido a este miedo (aparezca en la forma que aparezca) por lo que acabamos actuando de la forma en que lo hacemos. Creamos relaciones con dependencia emocional hacia nuestra pareja, hacia alguno de nuestros progenitores, hacia algún amigo, o también hacia el dinero, un estatus social, un nivel de vida, un trabajo o nuestras pertenencias.

Cuanto más dependientes nos sintamos de objetos o de personas, menos libres seremos y más condicionados estaremos a la hora de tomar decisiones en nuestra vida.

Y es que, al final, lo que determina la vida que tenemos y la que vamos construyendo son nuestras decisiones. Por este motivo, es importante que las tomemos de forma consciente y razonada, y que hayamos reflexionado sobre cada una de ellas para ver con más claridad si se trata del mejor camino y el más beneficioso para nosotros en cada momento. Si tomamos decisiones basándonos en nuestros miedos más primitivos y sin analizar el coste de las mismas, puede que vayamos de error en error y lo pasemos peor de lo necesario. Para evitarlo, deberíamos ser capaces de hablar con nuestro cerebro, que es el que toma la decisión de activar el miedo y frenarnos ante una situación determinada, para que comprenda que tal vez esa no es la mejor opción.

Para ayudar a tu cerebro a comprenderlo, te sugiero que cierres los ojos y realices la visualización que te propongo a continuación. Así podrás imaginar cómo estarás dentro de cinco años si sigues funcionando igual. Cómo será tu cuerpo, cómo serán tus relaciones, cómo te sentirás cada día al levantarte por la mañana, qué pensarás al acostarte, etcétera. Trata de visualizar las peores consecuencias de no cambiar.

Visualización para el cambio neuroasociativo

Para escucharme y realizar la visualización con los ojos cerrados, visita <**www.silviacongost.com**> y accede gratuitamente al audio correspondiente (ver instrucciones en la página 15).

Si deseas leerla en otro momento, la tienes transcrita al final del libro.

3

EL ORIGEN SOCIAL DEL MIEDO A LA SOLEDAD

Si nos remontamos a tiempos lejanos, nos daremos cuenta de que, antiguamente, las mujeres estaban, de alguna forma, obligadas o empujadas a casarse y, a continuación, a tener hijos. Casi no tenían elección si no querían permanecer solteras durante el resto de sus vidas (lo cual se consideraría un profundo fracaso). Hoy, afortunadamente, las cosas han cambiado. Todos podemos decidir tener pareja o no, y por eso no tiene demasiado sentido quedar atrapados en esa terrible desesperación si en algún momento o etapa de nuestra vida no encontramos a esa otra persona que tanto anhelamos.

Pero tal como pasa muchas veces, aunque hoy la situación sea otra y los motivos de un ayer lejano ya no encajen con nuestro presente, seguimos arrastrando aquellas creencias. Se transmiten de generación en generación como unos códigos que se han hecho invisibles, pero que aún pueden palparse. Conviven aquí con nosotros y, por consiguiente, nuestras conductas siguen viéndose afectadas por ellos.

Nuestra angustia y desesperación puede aumentar aún más si en nuestro entorno inmediato somos los únicos que estamos sin pareja. Nos comparamos. Les observamos con detenimiento y nos fijamos en lo bien que están, en lo felices que son, en la fortuna de poder compartir... y nos vamos torturando así día tras día, sintiéndonos cada vez más desdichados. Además, también puede acrecentar nuestra pena que aparte de ser los únicos del grupo sin pareja, nos rechace alguien que nos gustaba y veíamos como posible compañero, alguien a quien ya habíamos adjudicado el puesto que tenemos preparado para la pareja y que creíamos que encajaba a la perfección en dicho lugar.

Lo cierto es que más allá del cambio de mentalidad que hayamos vivido en nuestra sociedad con respecto a cómo se veían las relaciones hace unos cuantos años, como ya he comentado, sigue estando mal visto no tener pareja a determinada edad. En la consulta, sin ir más lejos, he visto a muchas personas que eran objeto de burlas y comentarios poco respetuosos por no tener pareja. Principalmente se trataba de mujeres en un entorno de hombres. Es triste que una mujer tenga que escuchar comentarios, directos o no, de que a ver si encuentra un hombre rápido o se le pasará el arroz, o de que a ver si va a ser lesbiana (¡como si eso fuera un defecto o algo que tuviera que anunciarse en la oficina para que los demás se quedaran tranquilos!).

La cuestión es que vivimos en un entorno en el que existen unas líneas transparentes que marcan lo que está bien y lo que no, que diferencian lo que es normal y aceptable y lo que no, que determinan lo que hará que los demás nos admiren y nos respeten y lo que no. Eso es tan real como patético, lo sé, pero es así tanto si nos gusta como si no. Y con esto nos damos cuenta de que si queremos seguir adelante a pesar de que nuestra situación en un momento determinado no sea la que más aplauden o esperan los demás, deberemos aprender a volar por encima, no sea que al final nuestras alas vuelvan a quedar atascadas ante tanto juicio.

Otras veces, el miedo a quedarnos solos proviene de nuestra autoestima, desarrollada a lo largo de la infancia. Un niño que ha vivido en un entorno en el que se ha sentido muy solo (un hijo único o un niño que, por la situación familiar, laboral, etcétera, ha tenido que pasar solo muchas horas) puede crecer y convertirse en un adulto que se siente «como en casa» con la soledad, e incluso la busca y la escoge a menudo. O, por el contrario, puede crecer y convertirse en un adulto que odie y trate de evitar a toda costa quedarse solo (aunque esto le haga permanecer al lado de alguien que le hace muy infeliz).

Es importante tomar conciencia de cuál ha sido la situación que hemos vivido, cómo ha sido nuestra infancia y cómo hemos vivido las pérdidas para así comprender cómo somos ahora y qué es lo que tenemos que pulir, cambiar o mejorar para seguir creciendo y sintiéndonos más felices. Como se trata de un punto muy importante y tiene mucho que ver con cómo nos relacionamos con la soledad, vamos a profundizar un poco más en ello.

La infancia y la adolescencia

Nuestra frescura y nuestro asombro desaparecen conforme nos hacemos mayores. Por eso, todos deberíamos reconectar con el niño que fuimos y con esa capacidad para asombrarnos con cada nueva experiencia.

A veces, en la infancia tuvimos que enfrentarnos a la experiencia del divorcio de los padres, a la muerte de un ser querido, al sentimiento de vergüenza por un padre alcohólico y a otras experiencias que nos conectan con la desilusión, la pérdida y el desamparo más profundos. Son experiencias que vamos viviendo y afrontando, aunque sus consecuencias en nosotros empiezan a verse a partir de la adolescencia, cuando nos damos cuenta de que los demás nos observan y nos juzgan, y todas las inseguridades y los miedos producidos por esas experiencias afloran sin reparo alguno.

Y así es como vamos aprendiendo a «escondernos». Nos cuesta decir lo que pensamos, sentimos o queremos de verdad, y nos esforzamos por convertirnos en ese «niño bueno» que, aunque actúe así con la pareja, en realidad busca complacer a su «madre» o a su «padre» para ganarse su amor y su reconocimiento. Otras veces nos convertimos en un «niño malo» que no encuentra el buen amor con nadie y cae en una vida desgraciada y llena de carencias de todo tipo. Esto nos puede llevar desde aferrarnos sin límites, hasta no ser capaces de comprometernos con nadie. De no ser capaces de lidiar con la soledad, a buscar esos espacios desesperadamente y no poder evitar escondernos ahí a pesar de que eso haga daño a quienes están a nuestro alrededor.

En muchos casos, de un modo que suele ser inconsciente, desarrollamos una falsa personalidad y un modo de actuar para evitar mostrar el miedo, la pérdida y el dolor. Lo hacemos creando una imagen de seguridad, de atrevimiento y de valentía que en el fondo no nos creemos. En definitiva, la mayoría actuamos como si fuéramos esos niños que lo único que buscan es ser amados y aceptados por sus padres a quienes tanto necesitan.

Es muy importante y necesario que logremos integrar (en el sentido más amplio del término) las vivencias de nuestra infancia en nuestra vida adulta. Es decir, que podamos trabajarlo en el plano emocional para que aquello deje de condicionarnos o impedirnos actuar de una manera coherente y madura, de la manera que actuaría nuestro adulto si no estuviera condicionado por esas experiencias pasadas que lleva grabadas en su interior.

Muchas veces, el niño sufre pérdidas (la muerte del padre o la madre, el abandono, las ausencias prolongadas, etcétera), pero no puede pedir el amor y el cariño que necesita porque no es consciente de lo que le pasa. Los niños no pueden entender qué es lo que sienten. A veces la pérdida es clara, como la muerte o el abandono de uno de los progenitores, pero también puede considerarse una pérdida cuando hay un padre o una madre que deja de querer o de tratar a su hijo de una manera amorosa, lo critica negativamente de manera habitual o favorece a otro hermano con frecuencia. Se trata de situaciones que, por desgracia, son habituales, que a veces pasan desapercibidas y se normalizan, pero que igualmente causan un dolor permanente que es difícil de borrar en el futuro adulto.

Y es que el niño siempre tiende a sentir que aquello ocurre por su culpa. Piensa que, si fuera más guapo o guapa, o más inteligente, o más fuerte... le gustaría más al padre o a la madre, o habría evitado que aquello pasara. Es en la temprana infancia cuando se empieza a construir la autoestima y a vivir estas emociones de culpa o inferioridad, que a su vez tendrán consecuencias devastadoras (aunque nunca irreversibles) para la autoestima.

En realidad, cuando hablamos de pérdidas de la infancia, deberíamos ir más allá de la muerte física de algún ser querido. También deberíamos tener en cuenta las circunstancias en las que a uno le han herido, desatendido, rechazado o desilusionado otras personas que son importantes.

Las experiencias de pérdida a una edad temprana nos hacen desarrollar una tendencia a idealizar a los demás, principalmente a las parejas. Nos ponemos a nosotros por debajo. Al sentirnos poco adecuados, menos valiosos o incapaces, cuando alguien nos elige, le damos un valor excepcional, y por desagradable o inaceptable que sea, lo convertimos en un dios irreemplazable, lo que a veces nos lleva a vivir auténticas pesadillas. Cuando la relación con esos «dioses autoproclamados» se acaba, cada una de las pérdidas que vivimos nos sacude desde nuestras entrañas, y algunas son tan duras que nos obligan a enfrentarnos, irremediablemente, con nuestra soledad.

El reto es, sin duda, aprender a lidiar con esos sentimientos de dolor y ansiedad en vez de intentar escapar de ellos (que es lo que tendemos a hacer con frecuencia). Debemos ser capaces de sentir que las consecuencias de seguir actuando condicionados por el miedo a la soledad son mucho peores (nos harán sufrir mucho más) que las consecuencias de enfrentarnos a estar solos. Debemos darnos cuenta de que estando solos podemos sentirnos en paz y armonía y que podemos estar mucho mejor que al lado de alguien que no nos quiere de una manera sana.

En ocasiones, el niño pequeño se siente traicionado de manera cruel y directa, y esto condiciona, de forma inevitable, su futuro. Puede que sufra situaciones horribles como violaciones, palizas o incesto, y no cabe duda de que serán absolutamente devastadoras para él y a veces destruirán su inocencia y confianza para siempre.

Y por otro lado, también está la parte social, que es otra de las que más importan e interfieren. El niño debe sentir que pertenece a un círculo de amigos en el que se sienta aceptado, debe sentir que forma parte de él. Estos círculos (familia, escuela, amigos, etcétera) son determinantes porque enseñan al niño lecciones sobre la intimidad y los vínculos afectivos. Estas experiencias serán diferentes en función de cómo se den, ya que, si el niño no se siente aceptado, pueden provocarle ansiedad, miedo, rabia o envidia.

Cuando la soledad se siente más como una expulsión o como un castigo que como una opción, el niño buscará la aceptación cambiando su manera de ser y dejando de lado su autenticidad, con el objetivo de ser lo que cree que los demás esperan de él y sentirse incluido en el círculo. No es de extrañar, por lo tanto, que el miedo a ser rechazado o a no pertenecer pueda interferir con el tiempo en la apreciación de la soledad de un adulto y le lleve a vivirla con dureza y rechazo en vez de convertirla en algo creativo y muy positivo para crecer y crear.

A menudo, los progenitores no detectan las ganas y la necesidad de los niños de pertenecer a un círculo, ni las consecuencias que tiene en los niños el hecho de ser (o simplemente sentirse) rechazados, o no poder formar parte de uno. De hecho, dicen que los adultos seguimos actuando con respecto a esos «círculos» como si tuviéramos cinco años, es decir, que para nosotros siguen siendo igual de importantes y necesarios que cuando éramos niños, y seguimos viviéndolos prácticamente igual, tengamos la edad que tengamos. Creo que este es un tema muy importante, por lo que siento que debo hablarte un poco más al respecto.

Los círculos de seguridad

Sabemos que para que el niño se sienta seguro de sí mismo, es importante que sepa que cuenta con un círculo de confianza que le apoya y le hace sentir escuchado y querido. Ese círculo de seguridad o confianza está formado por tres órbitas que parten del niño. Hay una órbita más cercana a él en el centro, una segunda órbita un poco más alejada y una tercera que, como todas, parte del niño, pero rodea a la anterior.

La primera órbita, la más próxima al niño, está compuesta por la familia, por aquellas personas más cercanas y con las que el niño pasa más tiempo (padres, hermanos, abuelos, tíos, primos, etcétera). Al tratarse de los seres más allegados y con quienes convive, es con ellos con quienes el niño desarrolla más confianza y una mayor sensación de seguridad a la hora de expresarse abiertamente y ser él mismo.

La segunda órbita está formada por los amigos. Además de las amistades más cercanas, aquí también podríamos incluir a maestros o a cualquier persona con la que el niño sienta también la seguridad de compartir sus pensamientos y emociones, a pesar de no tener con ellos una relación tan cercana como puede ser la que tiene con sus familiares directos.

La tercera órbita son los conocidos. Este es el círculo más distanciado del niño y puede estar formado por vecinos, padres de amigos, amigos de los padres, etcétera. A pesar de tratarse de una relación más distante que la de los círculos anteriores, crea asimismo en el niño una sensación de seguridad, transmitiéndole que puede confiar y contar con esas personas en caso de emergencia.

Lo cierto es que de adultos seguimos teniendo esos tres círculos/ órbitas de proximidad en las relaciones que establecemos. El primer círculo estaría formado también por la familia y por nuestra pareja, si la tenemos (por eso quedarnos sin ella o perder a familiares directos nos desestabiliza tanto; de repente nos sentimos muy inseguros y desamparados). El segundo lo conforman los amigos que hayamos hecho y el tercero, los compañeros de trabajo o las personas cercanas con quienes no sentimos que haya una relación propiamente de amistad.

Algunas personas que no tienen familia ni pareja sienten que sus amigos forman parte del primer círculo más cercano, sintiéndolos como verdaderos hermanos y con un nivel de confianza con ellos del cien por cien. Y también puede ser que, aunque uno tenga pareja y familia, sienta que algunos de sus amigos forman parte de este primer círculo. Se trata de una unión que nos aporta mucha estabilidad y seguridad.

◇◇◇◇◇◇◇

En cualquier caso, sentir o vivir la experiencia de ser expulsados, rechazados o abandonados por alguien de nuestro primer círculo es algo que puede ser absolutamente devastador.

◇◇◇◇◇◇◇

Hay adultos que de pequeños han vivido experiencias de rechazo como esta por parte de su familia, y a pesar de haberse convertido en adultos, siguen arrastrando las consecuencias de esas vivencias (son muy pesimistas e inseguros y se rechazan a sí mismos). Y también es cierto que, aunque no lo hayamos vivido de pequeños, si de adultos nos encontramos en alguna situación de este tipo, en la que alguien de nuestro primer círculo nos falla, nos decepciona mucho por sernos desleal o nos daña en vez de protegernos, las consecuencias también nos resultan muy dolorosas. Por eso decimos que nos afecta de la misma forma y lo vivimos igual si tenemos cinco años que si tenemos cuarenta y cinco. La influencia de quienes forman nuestros círculos de seguridad más cercanos es enorme. Nos hacen mucho bien y nos aportan mucho bienestar, pero de la misma manera pueden hacernos muchísimo daño. Por eso, debemos ser conscientes de la magnitud y de la importancia que eso tiene para nosotros, para tratarnos con mucho respeto y muchísimo cariño hasta que hayamos comprendido, integrado y superado lo sucedido.

4

¿SABES ESTAR A SOLAS? LA IMPORTANCIA DE LA SOLEDAD

Hemos hablado de la importancia social que le damos a cómo vivimos y cómo nos relacionamos con la soledad, tratando de evitarla a toda costa. Sin embargo, deberíamos dar mucha más importancia al hecho de tener espacios privados y personales para nosotros. Esos en los que conectamos con nosotros mismos.

Se trata de espacios de soledad activa/creativa en los que podemos encontrar placer leyendo libros, escribiendo un diario, escuchando música, etcétera. Espacios en los que estamos a gusto, en los que estamos solos, pero no nos sentimos solos, en los que estamos conectados con nosotros mismos. Espacios de crecimiento emocional y, a veces, también de crecimiento psicológico y espiritual.

Se trata de espacios de soledad, pero no de aislamiento. El aislamiento es como un jardín oscuro y sombrío que genera malestar e incomodidad. La soledad sana es un espacio que puede contener diferentes experiencias.

Aprender a identificar otros tipos de soledad puede ayudarnos a buscar este espacio dentro de nosotros.

Algunas personas son capaces de mantener cuidados e intactos estos espacios interiores. Sin embargo, desafortunadamente, la mayoría tiene muchas dificultades para conseguirlo. La culpa y el miedo se van instalando a menudo en nuestro interior, de modo que cada vez nos cuesta más y nos genera más rechazo entrar allí. Pasamos de verlo y sentirlo como un espacio de conexión con nosotros mismos, un espacio seguro en el que entramos en contacto con nuestra esencia y nos curamos, centramos y reconstruimos, a verlo como un espacio no deseado con el que nos sentimos obligados a relacionarnos, pero desde el malestar y la desdicha.

A veces, a causa de las continuas y exigentes presiones externas, incluso nos sentimos mal si nos dedicamos parte de nuestro tiempo a nosotros mismos. Cuando esto suceda, es importante que volvamos a entrar en contacto con este espacio interior y sagrado, que recuperemos el placer de conectar con él y recordemos por qué es tan importante, así como el motivo o los motivos por los que renunciamos a él (ya sea por exigencia de los padres, por abusos, por desaprobación, por rechazo, etcétera).

Recuerdo que cuando tenía dieciséis o diecisiete años (etapa que algunos de mis lectores sabrán que fue emocionalmente complicada, cuando me sentía mal, de forma totalmente intuitiva me subía a mi motocicleta y me iba a una urbanización que había cerca del pueblo. Tenía que subir varias cuestas porque estaba construida en una montaña, pero en la parte más alta había una roca muy grande con la que había generado una conexión muy especial. Me subía en ella y me sentaba. Desde allí observaba todo el valle lleno de árboles, que lo cubrían como un manto verde y frondoso. Era espectacular. Siempre que iba, empezaba desahogándome, llorando o haciéndome preguntas como un disco rayado, pero al poco rato sentía que empezaba a impregnarme de paz, una paz que se iba haciendo cada vez más presente y más sentida. Me calmaba.

Ahora me doy cuenta de que aquel lugar me ayudaba a conectar conmigo, con mi esencia, con mi ser. A través de la naturaleza y de lo que esta provocaba en mí, yo era capaz de soltar todos esos pensamientos dañinos e hirientes que a menudo utilizaba para relacionarme conmigo, y volver a la paz interior. Me serenaba. Era mi rincón secreto, mi espacio de soledad sana, el rincón desde el que yo me relajaba y me permitía de nuevo abrirme a ser.

Después de un rato, cuando así lo sentía, me levantaba, subía a la moto y volvía a casa. Creo que nunca se lo expliqué a nadie ni fui con nadie a ese lugar tan mágico para mí. Y es que, a veces, puede que al compartirlo pierda la magia.

Desde entonces, una parte de mi mundo interior siempre ha seguido buscando esa roca en la cima de la montaña. De hecho, siempre he tenido una conexión imposible de describir con las montañas. Lo que siento cuando estoy en cualquiera de ellas es algo así como que «regreso a mí». Y eso me ha llevado a intuir que todos deberíamos tener entornos, espacios, rincones donde sintamos que regresamos a nosotros mismos.

A mucha gente eso le pasa con el mar, pero también nos puede pasar en una cafetería, debajo de un árbol concreto de un jardín o en un rincón de nuestra casa. Lo importante es encontrar ese espacio especial que nos permita, desde la conexión con esa soledad sana, volver a nosotros.

5

LA SOLEDAD Y LA VERGÜENZA

Siempre he pensado que, como seres humanos, todos somos iguales. Es decir, está claro que hay diferencias entre nosotros, como nuestro aspecto físico, nuestro carácter, nuestra personalidad, nuestras manías, nuestros valores, etcétera, pero si intentamos mirarnos desde una perspectiva más profunda, nos damos cuenta de que todas esas diferencias que percibimos son superficiales, como si fueran un simple envoltorio. Al ahondar en nuestro interior, vemos que todos estamos aquí tratando de hacer lo necesario para sobrevivir y para que nos amen, aunque durante este viaje, en función de nuestro nivel de conciencia, podemos llegar a concebir que estamos aquí para vivir, más que para sobrevivir, así como para amar, más que para tan solo ser amados. Cuando lo integramos, la vida nos facilita aprender cosas que nos permitirán cambiar, transformarnos y vivir nuestra vida desde una perspectiva muy diferente.

Ahora bien, ¿qué sucede cuando todavía no eres consciente de esta realidad y decides lo que vales en función de los resultados que obtienes en cada área de tu vida? Que entregas tu autoestima a la opinión/valoración de los demás. En función de cuál sea la imagen mental que te hayas construido sobre cómo tienes que ser o en quién tienes que convertirte para conseguir la admiración de los demás, te sentirás mejor o peor dependiendo de si los resultados que obtienes se ajustan más o menos a esa imagen que persigues. En otras palabras, si haces eso, te conviertes en una persona totalmente dependiente de esos buenos resultados. Necesitarás que sean buenos para sentirte valioso y merecedor de amor y reconocimiento.

Es muy importante que te des cuenta de que tú eres mucho más que los resultados que obtienes.

Sin embargo, se trata de un punto de vista al que no siempre conseguimos llegar a la primera. Muchos no lo consiguen nunca porque no tienen suficiente consciencia o suficientes herramientas. Te voy a explicar por qué es difícil llegar.

La vergüenza tóxica

La razón de nuestro más profundo malestar con nosotros mismos, ese que nos lleva directos a rechazar con todas nuestras fuerzas tener que enfrentarnos a una situación de soledad es la vergüenza tóxica.

La primera vez que oí hablar de este término fue de la mano de John Bradshaw y quedé fascinada por la precisión con la que lo describía y lo mucho que se ajustaba a la realidad de lo que la mayoría hemos vivido en algún momento. Se trata de «ese sentimiento internalizado de ser defectuoso como ser humano, de ser imperfecto». Es un sentimiento que nos provoca un sufrimiento muy profundo y desgarrador que puede acompañarnos durante toda la vida, a menos que hagamos algo para sanar esa mirada distorsionada hacia nosotros mismos.

La reconocida socióloga Brené Brown (*El poder de ser vulnerable*), que ha realizado numerosos estudios sobre la vergüenza, la vincula, por un lado, con el miedo a la desconexión y, por otro lado, con un dolor físico real. Y después de analizarlo durante un tiempo, la verdad es que no puedo estar más de acuerdo.

El miedo a la desconexión

Los seres humanos tenemos una serie de necesidades que son básicas y universales para todos y son las responsables de que actuemos tal como lo hacemos. Podríamos decir que todos nuestros actos, tanto si nos parecen positivos como negativos, tienen siempre la finalidad de cubrir una de estas necesidades. Pero entre todas ellas, hay dos que están estrechamente vinculadas al miedo a la desconexión que menciona Brown. Son dos necesidades que debemos tener siempre bien cubiertas si queremos conseguir un correcto funcionamiento psicológico, emocional, físico y espiritual. Se trata del amor y la conexión.

La necesidad de amor es la necesidad de recibir cariño y afecto, de sentir que somos importantes para alguien, que somos valiosos, que cuentan con nosotros, que les importamos de verdad, de una forma sincera y profunda. Cubrimos esta necesidad principalmente teniendo una buena relación con nuestros familiares y nuestra pareja, cuidándoles, estando pendientes de ellos y compartiendo nuestra vida con ellos.

Por otro lado, hay acciones que son negativas, a pesar de que tienen también la finalidad de cubrir la misma necesidad. Sería el caso de la dependencia emocional, es decir, cuando nos aferramos a alguien para no perder nuestra dosis de cariño, ese vínculo que supuestamente nos aporta afecto y atención (a pesar de que en muchos casos estamos tan mal que ya ni siquiera lo recibimos).

La necesidad de conexión es la que nos hace sentir que hay otras personas parecidas a nosotros, que comparten los mismos valores, que consideran importantes las mismas cosas. Puede que cubramos esta necesidad con gente con la que compartimos un mismo objetivo o con la que luchamos por una misma causa, o con la que compartimos gustos o preferencias en alguna área de nuestra vida. Si a mí me encanta Bruce Springsteen y me presentan a alguien que ha ido a los mismos conciertos que yo y canta las mismas canciones, ahí se creará conexión entre nosotros. Si dos amigas que se han convertido en personas muy exitosas y reconocidas por su trabajo se reúnen para cenar con sus respectivas parejas, puede ser que ellos dos empiecen a hablar de lo que es estar al lado de una mujer tan volcada en su trabajo y para la que su trabajo es su vida, y que sientan que por fin alguien les entiende. Viven las mismas situaciones y eso les ayuda a crear una conexión. Lo mismo pasa con un padre al que le ha abandonado su mujer y ahora no le deja ver a su hijo; si encuentra a otro hombre en su misma situación, se creará una conexión. Así pues, la conexión se crea en muchos contextos y de muchas maneras, y es también un ingrediente fundamental para nuestro bienestar y equilibrio.

El amor y la conexión son, por tanto, lo que da verdadero sentido y propósito a nuestra vida, la razón por la que estamos en este mundo. Sin eso, lo cierto es que ya nada tiene sentido. Sin eso, no podemos ser felices ni disfrutar de nuestro día a día. Sin eso, ni siquiera valdría la pena vivir. Podríamos estar bien durante un tiempo, pero sin amor y conexión, tarde o temprano nos hundiríamos. Es lo que les ocurre a muchos cantantes, actores y personas que han alcanzado mucha fama a gran escala. Obtienen mucho reconocimiento, mucho cariño mientras están arriba, pero tal vez en la intimidad no tienen vínculos verdaderos y fuertes con nadie, ya sea porque la gente solo se les acerca por interés o porque debido a la implicación total que requiere su trabajo no han tenido la oportunidad de conocer a nadie con quien crear un vínculo de este tipo. Y en otras ocasiones, cuando su etapa más brillante acaba y dejan de estar en el punto de mira y de ser el centro de las miradas, sienten que ya no son nada y que su vida no vale la pena. Y luego recurren a la evasión a través de las drogas o el alcohol para no sentir ese vacío tan doloroso y profundo que crea la falta de amor y conexión.

Y aquí es, precisamente, donde entra en escena el miedo a la desconexión. Es tan importante para nosotros cubrir estas dos necesidades y tenemos tan claro que nuestra pareja es quien más lo puede hacer que no soportamos la idea de quedarnos sin ella. Sentimos un profundo miedo a perder la conexión y el amor si nos quedamos sin pareja. En ese caso, volveremos a conectar de forma directa y penetrante con la vergüenza tóxica.

Dolor físico real

Es cierto que la importancia del amor, la aceptación y la conexión con los demás se refuerza a través de nuestra química cerebral. Asimismo, el dolor que nos producen el rechazo y la desconexión social también es totalmente real. Varios estudios han demostrado que en lo que respecta al cerebro duele lo mismo el dolor físico que las experiencias intensas de rechazo social.

> *Por eso, podemos afirmar que la vergüenza tóxica provoca dolor físico, ya que las emociones pueden herir y provocar un dolor real que sentiremos en nuestro cuerpo.*

La vergüenza y la culpa

Llegado este punto, no puedo dejar de mencionar otro ingrediente importantísimo que tiene mucho que ver con nuestras vivencias en estas situaciones: el poder de nuestra interpretación. Si vives una situación indeseada para ti como el fin de tu relación de pareja y eso te conecta con una profunda vergüenza, ¿qué es lo que te dices a ti mismo al respecto? ¿Cómo te hablas? ¿Cómo interpretas y te explicas lo que ha ocurrido?

Antes de que respondas, voy a adelantarme y a proponerte los comentarios que con más frecuencia acostumbran a aparecer en nuestra cabeza: «No soy valioso», «No merezco que me quieran», «No le importo a nadie», «No soy digno», y podría seguir con una larga lista de barbaridades que tenemos preparadas en algún archivo de nuestro cerebro. Y si tenemos ese tipo de pensamientos, nos entrará miedo de que nos juzguen por lo que ha sucedido, de que vean nuestras imperfecciones e incapacidades, y entonces la parte más primitiva de nuestro cerebro ya sabemos que lo interpretará así: quedarte solo = peligro de muerte.

Las dos emociones que se apoderan de nosotros ante la idea de quedarnos solos son la vergüenza («soy defectuoso») y la culpa («he hecho algo mal»), y por eso nos conectan con ese profundo rechazo a la soledad. Las dos tienen el mismo poder sobre nosotros, pero como ya habrás visto, hay una diferencia importante entre ellas. La culpa, si no se enquista, te ayuda a darte cuenta de si has hecho algo mal y te da la oportunidad de hacer un autoanálisis o una reflexión al respecto para así poder mejorar. Sin embargo, la vergüenza nos conecta con la sensación de «ser» de una determinada manera, como algo que nos viene dado por naturaleza, de modo que no podemos hacer nada para modificarlo. La vergüenza te conecta con la certeza de ser indigno, imperfecto, defectuoso... y eso es muy dañino.

Sin duda, se trata de emociones con las que conectan todas las personas. Sí, sí, he dicho «todas». No solo sienten vergüenza quienes han vivido una situación realmente humillante y traumática, sino también todo el resto de personas, ya que viven otras situaciones que interpretan de forma parecida.

Mientras el amor y la conexión sigan siendo algunas de las necesidades más importantes para nosotros, seguiremos conectando con el miedo a la pérdida del amor y a la desconexión. Lo seguiremos interpretando, desde esa parte primitiva de nuestro cerebro, como una situación que nos expone a un peligro inminente, que debemos tratar de evitar a toda costa.

Cuando hayas logrado trascender el desajuste que crea en ti la vergüenza, tras haber hecho algún trabajo de crecimiento profundo y transformador, sabrás que eres mucho más que lo que hagas o lo que te suceda, que estás por encima de todo ello.

Tal vez seguirás queriendo agradar y tener éxito, y, por supuesto, seguirás sintiendo vergüenza, pero ya habrás trascendido tus resultados, sean los que sean, y no te juzgarás, ni mucho menos valorarás, en función de ellos.

6

ANUPTAFOBIA, EL MIEDO A NO ENCONTRAR PAREJA

Hace poco que se ha empezado a hablar de la anuptafobia. Nuestro afán de ponerle nombre a todo nos lleva a ir creando nuevas etiquetas como esta. Pues bien, así es como se ha decidido llamar al miedo a no encontrar pareja, a la fobia a permanecer soltero toda la vida. En realidad, este miedo no suele hacernos entrar en una crisis de pánico, como ocurre con otras fobias, pero sí puede generar estados ansiosos y depresivos muy graves.

Podemos considerar que después de haber terminado una relación, en algunos casos o a determinada edad es normal tener un poco de miedo a no encontrar a nadie más. Sin embargo, puede ser algo muy dañino si este miedo acaba convirtiéndose en pánico, fobia u obsesión.

Lo que no puede ser es que no le encontremos sentido a la vida por el hecho de no tener pareja, ya que, si bien puede llegar a ser una parte muy importante de nuestro día a día, hay muchas otras áreas que debemos alimentar y que nos aportarán mucho.

Atendiendo a su clasificación, podemos dividir la anuptafobia en dos grupos: el miedo a quedarse soltero y el miedo a casarse con la persona equivocada.

El miedo a la soltería

Son muchas las personas que planifican el día en el que encontrarán a la persona perfecta, a la persona adecuada para compartir su vida. Tienen una idea muy clara de cómo será la relación y de cómo será su vida cuando eso suceda. Tanta nitidez las lleva a una desesperación tan grande si no encuentran a esa persona que pueden reaccionar de dos posibles formas.

Una posible reacción es empezar a salir con la primera persona que se cruce por delante. No se lo van a pensar ni se van a dar tiempo para descubrir cómo es realmente el otro, ni ver si encaja realmente con lo que están buscando. Incluso algunas personas se casan después de salir menos de un año (sí, sí, para toda la vida). Son esas relaciones que, al observarlas, puedes quedar abrumado por la rapidez con la que toman decisiones y compromisos importantísimos en un abrir y cerrar de ojos. Algunas de esas decisiones que nunca deberían tomarse antes de que pasen uno o dos años (que es el tiempo que necesitamos para conocer bien al otro) son, por ejemplo, tener un hijo, firmar una hipoteca o dejar un trabajo que nos gusta. Aquello que tenga que ver con terceras personas que dependen de nosotros y de nuestro bienestar (los hijos), con nuestro dinero (que hemos ganado con nuestro esfuerzo o no) y con lo que nos hace sentir realizados (trabajo, negocio, etcétera) jamás tendría que ser negociable antes de que sintamos que conocemos bien al otro y que queremos comprometernos y apostar realmente por él o ella.

Otra posible reacción es permanecer demasiado tiempo en una relación destructiva. Aferrarse a la falsa seguridad que les dio la promesa de un compromiso de por vida. Temen lo que les pueda pasar si de repente un día se quedan solos. Y en muchos casos, el miedo a estar solos es mayor que el miedo al maltrato o al abuso que están sufriendo, el miedo a la pérdida es mayor que el miedo al propio sufrimiento, por lo que acaban sufriendo muchísimo más que si se enfrentaran a su inofensivo miedo a la soledad.

Se trata de personas con muchas dificultades para encontrar espacios de serenidad en su interior, espacios en los que puedan experimentar bienestar y placer simplemente por ser como son. Les cuesta muchísimo o les resulta incluso imposible conectar con una gratitud verdadera y sentida hacia todo lo bueno que les ofrece la vida. Tienen el foco puesto únicamente en el hecho de no tener pareja y se relacionan con los demás desde una actitud de víctima total y absoluta. Se preguntan constantemente por qué aún no han encontrado a nadie, qué es lo que les falta, por qué no se les cruza nadie interesante que les elija, etcétera. Son preguntas que, obviamente, a veces tienen respuesta y otras veces no. Algunas personas no hacen nada para conocer a gente, no acuden a sitios donde socializar ni salen de su zona de confort, por lo que les costará más, pero otras sí que están abiertas y realizan muchas actividades. Y aunque esto influye, hay factores que no dependen de nosotros, sino de la vida y las encrucijadas hacia las que nos dirijamos en función de cada decisión que tomemos. Hay puertas que, una vez abiertas, nos conducen hacia senderos determinados que nos harán crecer mucho y vivir experiencias que no imaginamos, mientras que otras puertas quizá nos estanquen y nos mantengan paralizados en habitaciones vacías, sin aire ni luz.

Algunas personas tienen pendiente aprender a estar bien consigo mismas. Se trata de una asignatura imprescindible para poder pasar al siguiente nivel. Hasta que esa asignatura no es aprendida y superada, podemos llegar a pensar que la vida nos va en contra por el hecho de no encontrar a la persona adecuada, cuando en realidad nos está dando la oportunidad de enfrentarnos a la lección que tenemos pendiente. La obsesión con el otro nos genera angustia, urgencia y frustración, mientras que lo que nos indicará que estamos en el camino correcto es siempre la paz. La paz que sentimos cuando logramos conectar con nosotros mismos.

El miedo a casarse con la persona equivocada

Para quienes lo viven, este miedo comporta una incapacidad a la hora de comprometerse (muchos lo llaman «miedo al compromiso»). Pueden llegar a ofrecer un determinado grado de compromiso, pero seguirán buscando a la «persona ideal». Les costará mucho aceptar el matrimonio (al ser un «vínculo para toda la vida») por ese miedo de no haber elegido correctamente a la persona que tienen al lado. Tendrán la sensación de que a su pareja siempre le falta algo. Se quedarán a menudo con la sensación de que no están del todo convencidos. Esas dudas pueden llevarles a que no les acabe funcionando ninguna relación.

Recuerdo el caso de Susana. Una mujer inteligente y con éxito profesional que estaba atrapada en una relación completamente tóxica para ella con un hombre con el que no tenía nada que ver en ningún aspecto. Eran diferentes en todo y no compartían prácticamente nada. Por otro lado, Susana había quedado atrapada en una relación paralela con un chico joven, que estaba casado y con una hija pequeña. Era un chico con el que solo tenían relaciones sexuales, a pesar de que para ella era algo más. Él siempre había sido muy claro con el tema y le decía que no tenía ninguna intención de dejar a su mujer ni romper su matrimonio. Al principio, a Susana ya le parecía bien, pero poco a poco se fue ilusionando.

Vino a verme porque el chico le dijo que lo mejor era que no se vieran más (probablemente, lo hizo al ver que a ella ya no le bastaba con lo que tenían), y eso para ella fue un golpe que no podía encajar. Se obsesionó mucho y trabajamos para que lograra cortar aquel enganche. Se recuperó, pero a los pocos meses de estar bien encontró a otro hombre. Ella misma reconocía que estaba desesperada por encontrar a alguien. Al analizarlo en más profundidad, se daba cuenta de que siempre había estado así desde que empezó la relación con su pareja (con quien nunca se casó) quince años atrás. Estaba con él, pero seguía buscando. No le gustaba, no era suficiente y no lo dejaba, pero tampoco se cansaba de buscar. Era como si tuviera la intuición de que algún día lo iba a encontrar. No se daba cuenta de que ella no iba a encontrar a nadie que encajara porque se encargaba bien de elegir siempre perfiles que estuvieran lejos de lo que le gustaría que fueran. Así que Susana era infeliz. No tenía ilusiones, y, aunque vivía acompañada, tenía al lado a alguien que no le gustaba en absoluto.

Los casos como el suyo son muy frecuentes. Intentan evadirse de su vida gris con relaciones paralelas que, tras pasar los primeros tres meses, se transforman en angustia, tristeza y un malestar aún más profundo que antes de tenerlas. Todo para olvidarse de la vida insulsa que tienen al lado de alguien a quien ni siquiera aman.

También recuerdo el caso de Ricardo, un chico que aparentemente lo tenía todo, pero que tenía también este gran problema. En un viaje que hizo a Italia conoció a Carolina. Se enamoraron locamente al instante. Se ilusionaron, y después de aquellos días tuvieron que separarse porque él regresó a España, pero se vieron cuatro veces más en diferentes viajes que fueron programando. Él estaba dispuesto a darlo todo por ella. Decidieron que ella se vendría a vivir a España, así que dejó su trabajo, vendió su coche y se alejó de su familia por amor, por el amor que sentía (supuestamente) hacia Ricardo. Y digo «supuestamente» porque está claro que con tres o cuatro viajes que compartas con alguien, y con varias conferencias por Skype, no llegas a conocerlo.

Al principio, su vida en común parecía fantástica, pero pronto empezaron los problemas. De hecho, todos los problemas giraban en torno a cómo Ricardo veía a Carolina. Primero se quejaba de su manera de hacer las cosas y luego de que era muy desorganizada. Ella era muy tranquila e iba haciendo todo a su ritmo, y eso a él le ponía muy nervioso porque esperaba que hiciera todo como él creía que debía hacerlo. A los seis o siete meses, se quejaba si ella le preguntaba algo que no entendía, se quejaba si dejaba la ropa en un sitio que a él no le gustaba, si no iba a dormir a la hora que él consideraba que era la adecuada o si comía hamburguesa en vez de ensalada.

Ricardo quería tener hijos y quería que fuera con ella, pero dudaba de si sería la madre adecuada que él esperaba para sus hijos. Como solo le veía defectos, tenía grandes dudas. Lo que no veía era que con todas sus anteriores parejas le había pasado lo mismo. Y lo que tampoco veía (al inicio) era que su madre estaba detrás de todos esos problemas. Siempre había sido muy exigente y lo educó con comentarios negativos hacia las chicas que él elegía. Ninguna de ellas le parecía bien, ninguna le gustaba lo suficiente y él necesitaba su aprobación, su visto bueno para sentirse tranquilo y seguro.

Si quería cambiar aquello, debía enfrentarse a esa situación y vencer sus miedos. Al fin y al cabo, nadie está protegido de los errores.

Si esperamos estar seguros al cien por cien para así tener garantías, nos equivocamos porque nunca tendremos una seguridad total cuando se trata de una relación de pareja.

7

SOLEDAD NO ES ESTAR SOLO

Cuando hablamos del miedo a la soledad, a menudo lo relacionamos con estar físicamente solos en el mundo. Lo vivimos como si se tratara de una situación que uno no va a ser capaz de soportar. Como no tener a nadie con quien construir ese vínculo o conexión, con quien compartir ese amor tan necesario. Sin ni siquiera ser conscientes de ello, lo que nos ocurre básicamente es que, dentro del concepto de miedo a la soledad, lo que de verdad nos aterra es no tener pareja.

Lo que nos aterra realmente no es estar solos, sino no tener pareja.

Y claro, si lo analizamos con un poco de perspectiva, nos daremos cuenta de que, de forma racional, sabemos que no necesitamos una pareja ni para sobrevivir ni para ser felices en nuestro día a día. Puede que la mayoría de nosotros prefiera tener pareja a no tenerla, eso sí, pero eso no significa que, si en una etapa determinada de nuestra existencia no la tenemos, no podamos seguir adelante con nuestra vida. Incluso en el caso de que esta etapa se alargue en el tiempo.

He conocido y tratado a muchas personas que al quedarse sin pareja, sus alarmas de «¡peligro! ¡peligro! ¡peligro!» suenan tan

tan fuerte en sus cabezas que se vuelven totalmente obsesivas con ese tema. Van por el mundo literalmente desesperadas por encontrar a alguien lo antes posible, son capaces de hacer auténticas locuras y quedarse con la primera persona que les haga caso o muestre un mínimo interés por ellas. Lo viven de forma obsesiva, como una necesidad absolutamente prioritaria, e incluso llegan a dejar de lado o en un segundo plano a sus propios hijos, priorizando por encima de todo a la otra persona. Aunque esta nueva supuesta pareja no les acabe de convencer o tenga cosas que no les gusten nada, lo pasarán por alto y harán la vista gorda, ya que para ellas lo más importante y urgente es salir del estado de «no pareja».

Y si, por cuestiones de la vida, resulta que finalmente esta nueva relación no les funciona y se acaba (es decir, las dejan, ya que es muy difícil que estas personas lo hagan), vivirán esto como una auténtica tragedia. Puede que su autoestima se desmorone, sus ganas de vivir se desvanezcan y ya no encuentren realmente sentido a nada. Caen en picado hasta el fondo del pozo, destrozadas de nuevo porque se dan cuenta de que, al final, todo su empeño no ha servido para nada, que todo ha sido en vano. Lo dan todo y más, y la verdad es que este no es el mejor escenario para empezar a construir una relación. Ese darlo todo sin límites y de forma desmedida no resulta atractivo para nadie; deberíamos entenderlo.

Está comprobado que, aunque estemos enamorados y exista una atracción muy fuerte, una importante carga obsesiva y muchas ganas de compartir y pasar momentos con la otra persona, cuanta más calma y paz tratemos de mantener en nuestro interior, cuanta menos desesperación e insistencia incansable, muchísimo mejor para asegurar que vayamos avanzando en estos primeros pasos de una posible relación a largo término.

Las personas que lo dan todo ya de entrada, que lo permiten todo, que siempre se amoldan al otro y no ponen límites, que antes de que les pidan ya han dado, hacen que sus parejas acaben por perder el interés. Está todo tan seguro, es todo tan predecible que se pierde la magia del inicio de la relación. Y con eso no quiero decir que tengamos que hacer que nuestra pareja se sienta insegura de nuestros sentimientos, nada más lejos. Lo único que digo es que tiene que ver que también tenemos nuestra personalidad, nuestras preferencias y nuestros límites. Debemos mostrarlos ya desde el principio, que la pareja vea que no todo está permitido y que unas cosas nos gustan más que otras. Y esto incluye aprender a decir «no», por mucho miedo que nos dé. A pesar de que esto nos acerque al miedo a que la otra persona nos deje y podamos quedarnos solos de nuevo.

Es importante que comprendamos que el ser humano puede vivir sin una pareja estable. Muchas personas lo han hecho, y eso no significa que uno sea un friki o alguien rarito o con algún trauma a sus espaldas, tal y como acostumbramos a creer.

Hay personas que están acostumbradas a no colgar del cuello de nadie, que son totalmente independientes, que tienen su vida interior y la cultivan, que tienen amistades y las cuidan, y que tal vez, durante un largo período de tiempo, no han tenido pareja, pero, además, lo viven con total normalidad. Simplemente no se han cruzado con nadie que encaje con lo que buscan o que les haga vibrar de verdad, y no pasa nada.

Yo creo que aquí está justamente la clave, en vivirlo con normalidad. Justo al contrario de las personas que lo viven con desesperación, que acaban malviviendo porque, debido a su obsesión, a veces una parte de ellas se va volviendo triste y amarga, su autoestima se debilita y, en consecuencia, su calidad y experiencia de vida empeora. ¿Y sabes qué? Que esto se acaba transmitiendo y no es nada atractivo para los demás.

También es posible que llegue un día en el que quienes viven el estar sin pareja con normalidad conozcan a alguien y queden totalmente atrapados, a pesar de ser una relación tóxica, y sin saber por qué, les cueste salir de ella. Eso nos puede pasar a todos. Pero lo importante es que ellos saben que pueden estar sin pareja, porque ya lo han experimentado y la soledad no les da miedo. Ya la conocen y saben que no es tan mala como se la imaginan los que la temen.

Siempre insisto en mis conferencias y allí donde vaya en la importancia de haber aprendido a estar bien sin pareja para poder estar bien en pareja. Cuando has vivido una experiencia positiva, estás más familiarizado con ella, ya la conoces y le pierdes ese miedo tan atroz.

*Estar sin pareja no es el infierno.
Estar sin pareja es una oportunidad de crecimiento enorme. Es un momento para conocerte más, para aprender a estar contigo, para descubrir lo que verdaderamente te gusta y saborearlo a otro ritmo.*

Debido a nuestra necesidad de conexión, nos volvemos más abiertos (o, por lo menos, tenemos que esforzarnos más), y esto nos permite conocer a otras personas que tal vez en otro caso no habríamos conocido, y que nos pasen cosas inesperadas y sorprendentes.

Sobre todo, es muy importante comprender que identificamos estar sin pareja con estar solos, pero que, aunque estemos sin pareja, no tenemos por qué estar solos. A veces, estar sin pareja no depende de uno mismo, ya que puede que te hayan dejado y no puedas hacer nada para cambiarlo. Ya no te quieren y es lo que hay; no depende de ti y debes aceptarlo. Pero estar solo sí que es algo que depende de ti enteramente. Estás rodeado de gente. La mayoría son desconocidos, es así, pero lo serán hasta que tú desees cambiarlo. Siempre puedes ponerte a hablar con alguien en un bar o en la pescadería, y puede que te pasen cosas muy sorprendentes.

Y seguro que a lo largo de tu vida has hecho amigos, aunque sean uno o dos. También es probable que tengas familia. Puede que te lleves mejor o peor con ellos, que tengas más o menos personas cercanas, pero seguro que tienes a alguien. Y en caso de no tener a nadie, deberás plantearte qué puedes hacer tú para cambiar eso. Esa idea que se ha puesto tan de moda de que «en vez de *preocuparte*, debes *ocuparte* de ello». Está en tus manos.

Insisto, no tener pareja no es estar solos en el mundo, aislados de todos los demás.

Podemos estar sin pareja y ser felices, pero no podemos ser felices estando solos todo el tiempo.

No necesitamos una pareja, pero sí tener a otras personas que nos importen a nuestro alrededor.

Si en algún momento no tienes pareja, deberías tener presente la idea de que no tienes por qué estar solo. Puedes centrarte en crear una red de personas con las que te sientas a gusto y que estén igual que tú (sin pareja), con las que puedas crear conexión y sientas cercanía y afecto por su parte. Así cubrirás esa necesidad con ellos y no interpretarás tu situación como algo tan peligroso que incluso pone tu vida en la cuerda floja.

La arruga en el corazón

Siempre recuerdo a mi abuela. Ya no está entre nosotros y a menudo la echo muchísimo de menos. Hace unos años, una tarde de invierno fui a verla para pasar unas horas con ella. Siempre que la visitaba quería que yo le explicara cosas de cómo me iban el trabajo, los libros, los nuevos proyectos, etcétera. Esa tarde, al empezar a hablar de temas de amor y desamor, me preguntó si conocía la leyenda de la arruga en el corazón. Yo no tenía ni idea de lo que me estaba hablando, por lo que puse toda mi atención en escucharla.

Cuenta una vieja leyenda que todos, de forma innata, albergamos en nuestro corazón una pequeña arruga. Es una arruga que nos molesta e incluso nos duele, lo cual nos lleva a buscar formas de alisarla a lo largo de nuestra vida.

Explican que cada uno de nosotros procedemos de un mismo Todo y que, al nacer, nos metemos dentro de un envoltorio, que es nuestro cuerpo, al tiempo que olvidamos quiénes somos, de dónde venimos y adónde vamos. Nos desarraigamos de esa totalidad de la que procedemos y con la que seguimos conectados (a pesar de haberlo olvidado), y es justo en ese instante, al nacer, cuando se crea la arruga en nuestro corazón.

El hecho de vivir dentro de una cápsula (el cuerpo) facilita ya de entrada que nos sintamos aislados, apartados, divididos, solos...

Forma parte de la aventura de vivir, aunque en el fondo, la realidad no sea esa, pues seguimos en todo momento conectados con ese Todo del que procedemos y al que algún día, inevitablemente, volveremos.

Cuentan que esa arruga juega siempre a nuestro favor, porque nos ayuda a mantener la conciencia de que necesitamos amor y cariño, y por eso buscamos relacionarnos con los demás. Por ese mismo motivo, cuando nos dan suficiente amor y cariño, podemos llegar a sentirnos completos con ese «dador», e incluso nos puede llegar a parecer que esa arruga desaparece. Eso es falso, claro está; seguimos solos y aislados respecto a los demás seres humanos, pero cuanto más recibamos de ellos, menos atención le prestaremos al dolor que provoca la arruga en nuestra conciencia. Estamos aquí viviendo una experiencia humana y por eso necesitamos ese vínculo con los demás, aunque en los peores casos nos pueda llevar a obsesionarnos.

La trampa del juego, sin embargo, es que, en esencia, ni estamos solos ni estamos aislados. Lo creemos, pero en realidad seguimos conectados con el Todo del que venimos.

Por lo general, quien más poder tiene para mitigar ese dolor que produce la creencia del aislamiento es nuestra madre, pues tras la separación inicial del Todo, es ella quien nos calma con su amor y su cariño incondicionales. Más tarde, mitigaremos el dolor que produce esa arruga con nuestras parejas. Y por eso es tan fácil llegar a generar un sentimiento de dependencia con la pareja, o incluso a obsesionarnos y dar una importancia sin límites al hecho de tener a alguien con quien compartir nuestra vida. A sentirnos incompletos, defectuosos y desvalidos si estamos sin pareja. A sentir que, sin ella, nuestra vida no tiene ningún sentido. Eso nunca es bueno.

En realidad, no hay nada externo que pueda alisar la arruga, dado que solo puede alisarla nuestra conciencia de unidad y confianza en la vida. Esta conciencia es, en el fondo, la única que elimina la obsesión y nos conduce a la plenitud.

No sé si la leyenda sobre la arruga en el corazón que me explicó mi abuelita es cierta o no, pero desde que me la explicó, siempre me ha removido. Me parece una metáfora preciosa para cuestionar nuestro miedo a la soledad y analizar nuestra existencia desde otra perspectiva mucho más amplia, profunda y transformadora.

8

LAS CONSECUENCIAS DEL MIEDO A LA SOLEDAD

A continuación, quiero mencionar las características y las consecuencias más frecuentes con las que se encuentran aquellos que tienen un miedo profundo a quedarse solos:

- No ponen límites cuando tienen una relación. Lo toleran todo por miedo a perder a la otra persona. Son excesivamente complacientes. Su pareja, a menudo se aprovecha de ello o incluso puede acabar aburriéndose a su lado debido a su falta de personalidad.

- Si su pareja les dice que quiere dejar la relación, no lo aceptan bajo ningún concepto. Si no se lo dice de forma clara, se autoengañarán, le darán el tiempo que necesite o incluso pueden permitir situaciones que serían totalmente inaceptables para cualquiera. Todo para evitar que la relación acabe de forma definitiva. Pueden incluso llegar a perder la dignidad por completo, arrastrándose, humillándose o suplicando. En ocasiones, esto puede llevar a que el que quería irse se eche atrás y decida continuar en la relación (sin amor, por supuesto) y como en el fondo ya no quiere estar ahí, el vínculo se va volviendo cada vez más tóxico y dañino para ambos.

- En ocasiones son relaciones en las que en apariencia todo va bien, pero la realidad no es esa, y en el fondo, lo saben. Lo que ocurre es que el miedo a las consecuencias que pueda tener hablar de lo que falla entre ellos hace que no se atrevan a sentarse y comunicarse desde un diálogo sincero y profundo. Al no hablar, tratan de escapar de una posible ruptura.

- Pueden aguantar agresiones, violencia, malos tratos verbales y físicos, que les ridiculicen o humillen contando intimidades suyas o defectos. Aguantan plantones generados con cualquier excusa, que les prohíban hacer actividades que les gustan o que les obliguen a hacer cosas que no quieren. Aguantan que les levanten la voz, que les peguen, etcétera, pero quien tiene pánico a la soledad, raramente se queja.

- Quienes llevan mucho tiempo atrapados en una relación tóxica por miedo a quedarse solos, pueden llegar a sufrir un deterioro mental importante (pierden la alegría, se vuelven grises, depresivos, sin vitalidad, con angustia, no se cuidan, están anulados, no se relacionan...) debido a ese conformismo enfermizo. Más que conformismo, es resignación. Resignarse es rendirse. Siempre hay una salida, pero se han rendido. Han tirado la toalla. Incluso llegan al punto en el que ni siquiera se atreven a quejarse de nada con su pareja cuando algo les molesta, por no provocar un conflicto y que se produzca una ruptura que les lleve como castigo a la temida soledad. De hecho, como la otra persona sabe que la soledad les da mucho miedo, es frecuente que jueguen con ello y se aprovechen, amenazándoles de abandonarles si no «se portan bien» y obedecen en todo. Así, se van volviendo cada vez más sumisos y se van alejando más de su verdadera personalidad.

- Se aferran a la pareja pase lo que pase, haga lo que haga, como si fuera lo más valioso e increíble que les haya caído en sus manos. Por malo, dañino y tóxico que sea. Todo por miedo a perderla, cuando, en realidad, quedarse sin esa persona sería el regalo más liberador y satisfactorio de su vida. Estoy hablando, por supuesto, de casos en los que la relación es tóxica.

– Si no tienen pareja, son personas que lo centran todo en conseguirla. Cuando alguien de su entorno se casa, se deprimen y se angustian ante la idea de que les pregunten por su estado civil. Sienten que el balance de su vida es claramente negativo por el hecho de no tener pareja y la desesperación por encontrarla les pone en desventaja porque corren el peligro de quedarse con la primera persona que muestre un poco de interés en ellas. Esta situación se da más en las mujeres, ya que a los hombres no se les «condena» como a ellas por este hecho. En realidad, en el caso de los hombres, estar solos se ve casi como un triunfo («aún no lo han cazado»). La edad del hombre, además, juega a su favor: cuanto mayor es, mejor posición económica, más prestigio social/laboral, «mejor partido», etcétera. A las mujeres, en cambio, pronto «se les pasa el arroz».

– Hay personas que se sienten incapaces de elegir buenos compañeros o de mantener relaciones amorosas constructivas y felices, o de poner fin a situaciones de maltrato en la pareja.

– Para algunas personas, todo gira en torno a encontrar a un compañero, dejando de lado sus logros y deseos profesionales. Por mucho que hayan conseguido, si no tienen pareja, no son capaces de valorar nada.

– A algunas mujeres todo les parece válido con tal de no caer en el bando de las solteras.

– Algunas mujeres piensan que no hay hombres que valgan la pena.

- El deseo de encontrar a alguien se convierte en la causa de su felicidad o de su desdicha. Siempre están quejándose o hablando de lo mismo.

A pesar de todos los cambios en la sociedad y de las múltiples posibilidades que se le ofrecen a la mujer hoy en día (ser madre soltera, aspirar a altos cargos en la empresa, etcétera), no cabe duda de que la anuptafobia persiste. Al final del libro encontrarás un cuestionario para descubrir si te cuentas entre las personas que temen la soledad.

9

TIPOS DE SOLEDAD

El primer encuentro con la soledad puede darse en cualquier momento de la vida. A veces conectas con ella porque estás realmente solo durante gran parte de tu tiempo, tienes pocas actividades o pocos amigos, o ha pasado algo que te ha hecho enfrentarte a ella en contra de tus deseos. En otras ocasiones, este sentimiento aparece incluso cuando se está rodeado de gente o se tienen amigos, familia, pareja, etcétera. Otras veces lo ves como algo oscuro que te da pavor, pero ni siquiera sabes por qué.

Tal vez ni recuerdes ese primer encuentro con la soledad porque tienes la sensación de que ese sentimiento siempre ha estado en ti. Tal vez identifiques su aparición en tu adolescencia, o a los veinticinco años, o a los cuarenta, o a los sesenta, pero lo más probable es que esté enmarcado en una de las situaciones que describo a continuación.

La soledad en compañía

En muchos casos, empezamos a enfrentarnos a la soledad estando en pareja. Puede ser porque estamos con alguien con quien no compartimos lo que consideramos importante, porque la otra persona hace su vida sin pensar en la pareja y solo mira por él o ella, o porque estamos en una relación de pareja que ya sentimos que está muerta y al darnos cuenta de ello, empezamos a conectar con la soledad.

Si eres una persona mínimamente consciente, es decir, de las que no utilizan el autoengaño como herramienta básica para convencerse de que todo va bien, aunque no sea así, puede que estés viendo que tu relación se te escapa entre los dedos, como si fuera arena fina que no puedes retener por mucho que te esfuerces, como si una fuerza superior a ti hiciera imposible su permanencia y su continuidad en tu vida... en ti. Ahí levantas los ojos y ya empiezas a vislumbrar cómo se acerca la soledad, callada pero firme, directa hacia ti. Hacia vosotros. Como un cuchillo afilado que está a punto de cortar el fino y debilitado hilo que aún os mantiene unidos.

Y puede ser que en ese punto conectes con una profunda tristeza, con la nostalgia de lo que fue y ya no es. Puede que te preguntes: «¿Qué falló? ¿En qué momento se nos empezó a torcer? ¿Cómo hemos llegado hasta aquí?». Sin embargo, a veces no es tan fácil, a veces no hay un momento clave o una circunstancia concreta que marque un punto de inflexión. En ocasiones son un cúmulo de muchas cosas lo que va haciendo que nos distanciemos cada vez más. Pequeñas decepciones que son como arañazos en el corazón, que duelen mucho y que luego parece que se curan, aunque si se repiten, hacen que nuestra herida sea cada vez más profunda.

Nuestro cuerpo, que siempre busca el bienestar, trata de poner pequeños parches para que no se noten las heridas, pero estas siguen ahí y se convierten en un dolor silencioso pero presente que aprieta cada vez más.

Tal vez has dejado de recibir de tu pareja lo que para ti es más importante. Tal vez ya no cuida el vínculo porque está demasiado ocupada con su trabajo, con sus clientes, con sus proyectos, con su familia de origen, con su vida, con sus *hobbies*, etcétera, y ya prácticamente no compartís nada.

Así es como empiezas a enfrentarte a la soledad de forma compartida, estando en pareja. Estás acompañado, pero sientes una profunda sensación de vacío y de soledad. Y un día empiezas a pensar que tal vez también estarías bien sin tu pareja, o puede que incluso fantasear con esa idea te provoque un cierto grado de ilusión que tratas de esconder avergonzado. Lo niegas y lo rechazas, pero ahí está, en algún rincón de tu pensamiento. Y puede que también en tu entorno haya aparecido alguien que te despierte cierto interés, que te atraiga o que te conecte con sueños prohibidos... que jamás te atreverías a mostrar ni compartir.

Puede que tu pareja esté sintiendo lo mismo, o puede que no. Pero desde ahí sientes una mezcla de pena y de miedo que a menudo te obliga a tragarte todos esos pensamientos y emociones y a volver a la realidad, a plantearte qué es lo que quieres y lo importante que es todo lo que resuena en tu interior para ti.

De hecho, como explica Eduard Punset en su libro *El viaje al amor*, el amor está codificado en el cerebro y la biología molecular ha permitido a los neurocientíficos demostrar varias cosas. Se sabía que el paso del tiempo mata el dolor. Es decir, a los seis meses de un gran contratiempo, como puede ser que nos deje nuestra pareja, una muerte, etcétera, el cerebro lo ha digerido y la vida que parecía inconcebible tras la desgracia va volviendo a tener sentido y se genera esperanza. Pero lo que no se sabía y me parece interesantísimo es que la ausencia física o de afecto durante mucho tiempo mata el amor. Las señales eléctricas que utilizan las células nerviosas para comunicarse son muy parecidas unas a otras (da igual qué tipo de estímulo exterior las provoque o su duración). Cuando el estímulo externo tiene suficiente intensidad, se da la señal. Y la intensidad no viene generada por el tipo de estímulo externo, sino por la frecuencia de dicho estímulo. La intensidad experimentada depende de la frecuencia con que se produce el estímulo. Esto explica por qué cuando se deja de cuidar una relación, el amor va muriendo inevitablemente. Podremos seguir juntos, pero amor no habrá.

Puede que estés con alguien con quien durante un tiempo (o al principio) estabas bien, pero cada vez lo sientes más distante, más ausente; tal vez percibes que esa persona está cada vez más metida en las redes, e incluso puede que intuyas que está buscando algo allí, puede que solamente entretenerse y hablar o tal vez atraer y flirtear con otras personas. Puede que darte cuenta de esto te haga daño, aunque si tienes miedo a la soledad, a lo mejor tratarás de convencerte de que te lo estás inventando todo tú, que ves fantasmas donde no los hay, etcétera. La cuestión es que te estás sintiendo cada vez más solo, que eso te duele y que no quieres aceptarlo a pesar de que está ahí.

En estos casos en los que a pesar de estar acompañados nos sentimos solos, si no somos conscientes de lo que está ocurriendo, ante el miedo a perder al otro podemos pasar a darlo todo, a dedicarnos más a la otra persona para que nos haga más caso, para complacerla, para que se sienta atendida, amada, admirada y reconocida, etcétera. Damos, damos, damos, y ¿qué es lo que recibimos? Cuanto más damos, menos recibimos.

No nos damos cuenta de que, en esa aventura de dar sin límites, lejos de encontrar al otro (a quien probablemente ya ni siquiera le importamos), nos acabamos perdiendo a nosotros mismos.

Si estás en una situación así, te recomiendo que trates de ir de frente con el problema.

1. Admite y acepta que no te sientes bien en la relación, que tienes carencias y te sientes solo. Debes decírselo a tu pareja, compartirlo, aunque te cueste. Y una vez hecho esto, el segundo paso es de grandísima importancia.

2. Observa atentamente cómo reacciona la otra persona. La única reacción correcta y aceptable debería ser que veamos en sus ojos que realmente le duele saber que una conducta suya nos ha causado dolor o nos ha hecho sufrir. Es la única reacción que deberíamos aceptar. Si su reacción es actuar a la defensiva, gritando o justificándose, o peor aún, tratándonos de locos o paranoicos, cuando en realidad no le estamos atacando, sino simplemente compartiendo una inquietud, en el 99 por ciento de los casos es porque tiene algo que esconder y se siente descubierto. Toma nota de esto, porque es muy importante y pocas personas saben interpretarlo correctamente.

3. En caso de que la reacción de la otra persona sea la correcta y se muestre afectada por lo que le hemos dicho, debemos observar (no sentir ni creer, solo «observar»), que hay un claro cambio en su conducta y su manera de proceder. Que nos cuida y se preocupa más por nosotros, que pone de su parte para que volvamos a sentirnos a gusto y satisfechos a su lado, que damos y recibimos los dos en la misma medida. Sin embargo, lamento ser aguafiestas, pero cuando ocurren estas cosas, la respuesta suele darse solamente durante los días posteriores a nuestra queja. Luego, poco a poco, todo vuelve a ser igual.

El caso de Laura

Laura llevaba ocho años de relación con su pareja. Siempre fue una relación muy bonita y muy sana. Ambos se encontraron en un momento de expansión y crecimiento en sus vidas, con muchos proyectos y muchas ganas de construir.

Veían y entendían la relación de la misma forma, sobre una base de confianza, respeto, comunicación y amistad. Los pilares del deseo, la confianza plena y el cuidar del otro eran fuertes y eso les permitía sentir que podían evolucionar desde la fluidez y la facilidad.

No querían tener hijos, pero sus trabajos los llenaban muchísimo. Los dos trabajaban en el sector del marketing, aunque en empresas distintas, y les apasionaba.

Ambos eran muy sociables y tenían muchos amigos con los que quedaban con regularidad. Lo compartían prácticamente todo. No obstante, Laura sentía que cada vez se amoldaba más a él. Que siempre iban a sitios a los que él quería ir o hacían las actividades que él proponía. No se daba cuenta de que el problema era que ella no aportaba nuevas opciones. Estaba tan ocupada con su trabajo que si él le proponía alguna actividad, ella directamente aceptaba, por compartirlo, sin darle más vueltas. Pero con el paso del tiempo y de los años, poco a poco se fue dando cuenta de que había dejado de lado aspectos de su vida que eran verdaderamente importantes para ella. Por lo menos lo habían sido antes, y suponía que aún lo seguían siendo.

Empezó a dar vueltas a estos pensamientos, y un día habló con él y le explicó la situación. Él jamás tuvo la costumbre de prohibirle nada; al contrario. Le gustaba compartirlo todo con ella, pero no tenía ningún problema si ella deseaba hacer algo diferente.

Por otro lado, Laura se empezó a sentir triste y desanimada interiormente. A pesar de que la relación era bonita y funcionaba, se daba cuenta de que en las últimas discusiones que habían tenido, ella se había sentido muy herida. A veces él se enfadaba mucho por cosas que no eran graves, tal vez porque ella le pedía que fuera más ordenado, que dejara la cama hecha si era el último en levantarse o que no dejara toda la cocina sucia si se quedaba a comer en casa a mediodía. Cuando ella volvía por la noche a preparar la cena y lo encontraba todo sucio, se estresaba mucho. Él le había llegado a montar unos números que a ella le parecían totalmente desproporcionados. Cuando ella le tenía que decir algo así, ya no sabía cómo hacerlo porque sabía que lo hiciera como lo hiciera, él no lo recibiría de forma sana y madura. Pasaba de cero a cien, o así es como lo percibía ella. Gritaba y se ponía a ordenar todo lo que llevaba meses dejando en medio de la casa. De forma compulsiva y sin articular palabra. Como si le hubieran herido el alma y la dignidad.

Ella no lo comprendía, pero lo peor es que luego estaba como ofendido y podía estar uno o dos días sin dirigirle la palabra. Si ella le decía algo, él se limitaba a responder, pero no decía nada más aparte de esa respuesta. El resto eran silencios cubiertos de un halo de enfado y malestar. Se apartaba emocionalmente de ella, lo que provocaba en Laura un inmenso dolor. Para ella, eran heridas que no desaparecían. Podía pasarse una tarde llorando en la cama. O una noche. Sin entender. Él esperaba que ella se disculpara, pero ella pensaba que a su pareja debía poder decirle las cosas que le molestaban, siempre que lo hiciera con respeto y cariño. Y así lo hacía, pero a él no le gustaba.

Probablemente, la forma de reaccionar de él era aprendida, copiada de su familia, pero ella no conocía a sus padres y no podía comprobarlo. Cuando tenemos comportamientos así, que son totalmente desproporcionados y automáticos ante determinadas situaciones, acostumbran a ser conductas que hemos aprendido de pequeños. Si somos conscientes de ello, si somos capaces de ver a nuestro padre o a nuestra madre reflejados en nuestra forma de reaccionar, nos ayudará a comprender de quién lo aprendimos y podremos ver que aquello no es nuestro y que no nos pertenece.

Si no vemos la conexión, puede que igualmente tengamos la capacidad de ver que no tiene mucho sentido ponernos así, que no es una conducta muy respetuosa, ni dialogante ni positiva, y que debemos aprender a controlarnos y a modificarla, porque de no hacerlo, estamos hiriendo a nuestra pareja y esto, a la larga, puede ser muy grave.

Hay personas que, de hecho, no ven la conexión con su pasado ni ven lo grave que es hasta que se acaban quedando solas. Es una pena, porque se trata de algo que es reversible. Son conductas aprendidas, así que podemos aprender otras formas de comportarnos si así lo deseamos, pero no todas las personas tenemos el nivel de conciencia suficiente para realizar este crecimiento y esta evolución.

La cuestión, volviendo a Laura y a su pareja, es que ella había acumulado bastantes episodios como ese. Y su herida interior, sin que ella se diera cuenta, se iba haciendo cada vez más profunda. Eran pequeñas decepciones, y la decepción mata el amor. Lo va marchitando, poco a poco, como un veneno lento, pero al fin y al cabo letal.

Un día se dio cuenta de que después de uno de esos episodios, no se recuperó como lo había hecho en anteriores ocasiones. Siempre era capaz de dejarlo atrás cuando él volvía a ella y le daba todo su cariño, la cuidaba y estaba pendiente de ella, pero en esa última ocasión no fue así. Era como si el golpe emocional no le permitiera volver a levantarse como las otras veces y le resultara mucho más difícil ponerse de nuevo en pie.

Sentía mucha tristeza interior. Era muy feliz con su vida, todo le iba muy bien, pero se sentía muy triste y no sabía por qué. No sabía si era por la relación, pues no lo acababa de identificar con claridad. Y fue justo por aquel entonces cuando la contrató una importante empresa de automovilismo. Contactaron con ella porque alguien les pasó sus datos y quedaron maravillados cuando vieron los trabajos que había hecho hasta ese momento. La querían con ellos a cualquier precio.

Laura se sintió muy halagada con tanto reconocimiento. Para ella era algo importantísimo que una empresa tan grande como aquella la admirara de aquel modo y quisiera tenerla trabajando para ellos. Era una oportunidad muy importante y decidió aceptarla. Puso una serie de condiciones y tuvieron que negociar durante unos días (ella no estaba dispuesta a aceptar cualquier trato), pero al final se pusieron de acuerdo.

Y fue allí, tras empezar aquel nuevo reto, donde conoció a Sergio, el asesor personal del director general de la empresa. Le ayudaba a gestionar mejor las relaciones con el resto del personal, a facilitar la comunicación entre los empleados y a que no fuera el hombre arrogante y tirano que había sido durante muchos años. Todos los trabajadores coincidían en que todo había cambiado desde que Sergio llegó a la empresa. Era como si el director fuera otro, como si hubiera despertado y de repente fuera capaz de empatizar, de comunicarse de forma más cordial y afectuosa, como si de repente tuviera sentimientos y comprendiera que los demás también los tenían. En fin, que todos estaban encantados con ese tal Sergio.

El día que los presentaron, Laura estaba muy nerviosa. Para ella era muy importante empaparse de esa empresa, absorber todo cuanto pudiera sobre sus valores, sus orígenes, su fondo, su forma, de qué se alimentaba, hacia dónde se dirigía, en fin, todo. Y por este motivo le presentaron a Sergio. El director pensó que él podría acercarla a toda esa información que ella necesitaba para dar lo mejor de sí misma a la empresa. Él confiaba en Sergio como si fuera un hijo. Le había ayudado a despertar, a salir de su caparazón, de la armadura en la que estaba preso, amargado y maltratado por sí mismo. Sergio le había liberado de esa carga, y ahora su vida era mucho más liviana, tenía más luz, más magia... Sin duda, ahora era mucho más feliz.

Y ahí entró Sergio. Tenía cuarenta y tres años, como ella. Era guapo y se le veía atlético y muy sonriente. Sus ojos marrones, relajados tras esas gafas de pasta, transmitían bondad y daban confianza enseguida. Se le veía un poco tímido, pero muy educado y respetuoso. Estuvo con ella durante toda la mañana, explicándole lo que consideraba que era importante que supiera sobre la empresa, y también haciéndole preguntas a Laura. Ella se dio cuenta de que quería saber cuál era el perfil de la nueva incorporación para ver si encajaba con los valores que él estaba intentando sembrar entre los cargos más importantes. Para él, las personas eran lo que más había que cuidar y no aceptaría a nadie que no pensara igual o no actuara de acuerdo con esa premisa. Seguramente fue por este motivo que el director quiso que pasaran la mañana juntos, para que Sergio le diera su opinión, ya que, por lo visto, si esta no hubiera sido favorable, Laura tendría muy pocas probabilidades de permanecer allí. Pero la opinión fue favorable. De hecho, conectaron enseguida. Laura pudo percibir la mezcla de timidez y sensibilidad, de tacto y fortaleza, de talento y vulnerabilidad que había en él. Enseguida se dio cuenta de que Sergio era alguien muy especial, con una magia difícil de explicar. No podía describir ni siquiera a sí misma lo que sintió, pero ese día pasó algo en su interior.

Laura se integró muy rápido en la empresa y empezó a crear y aportar trabajos que enseguida fueron muy valorados por todo el consejo. Reconocieron su talento y la recompensaron generosamente de forma económica. Era una incorporación muy importante y querían que ella supiera que no la iban a dejar escapar.

Ella se sentía tan plena que no recordaba haberse sentido mejor en toda su vida. Y poco a poco tenía cada vez más ganas de estar en el trabajo, de hablar con Sergio, y menos ganas de estar en su casa. Su pareja también tenía mucho trabajo y le dedicaba muchas horas, por lo que hablaban menos y ya casi no compartían nada. La mayoría de los días ni siquiera cenaban juntos debido a la hora en que llegaban uno y otro.

Sin darse cuenta, con aquellos episodios de enfados y broncas desmedidas, Laura se había ido apartando emocionalmente de él. Y, sin quererlo ni buscarlo, cada día pensaba más en Sergio.

Trató de hablar con su pareja, de decirle que no se sentía igual, que algo en ella se había roto, que se había distanciado. Él le preguntó si aún le quería y ella le dijo que sí, pero que, aun así, no estaba bien y no sabía si lograría salir de ese estado y volver a estar y sentirse como antes.

La de Laura y su pareja son situaciones frecuentes en las que una parte de la pareja empieza a sentirse sola. Laura se sentía sola dentro de su relación, estando con él, sabiendo que él la quería. Se sentía sola y cada vez más lejos de sí misma. Soñaba a veces, en secreto, con buscar un nuevo apartamento para ella, decorarlo a su gusto, ponerlo bonito, pero luego, cuando se daba cuenta de que estaba soñando eso, se obligaba a apartar de ahí la mirada y a seguir en la realidad. Le daba miedo y sentía algo que la empujaba al mismo tiempo.

Y luego pensaba en Sergio, en su sensibilidad, su fuerza interior, su intuición, su tacto, su talento, su fortaleza, su todo. Le encantaba. Se estaba enamorando de él. Le aterraba el solo hecho de pensarlo, pero sabía que era así. Cada vez pensaba más en él, tenía más ganas de verlo, de hablar, de reír, de compartir...

Y es que cuando estás en una relación de pareja y empiezas a sentirte solo a pesar de estar en compañía, es posible que empieces a fijarte y a abrirte emocionalmente (más de lo que lo harías en otras circunstancias) a otra persona. Es algo que pasa con muchísima frecuencia. Y si no frenamos, puede acabar por sacudirnos de tal forma que no seamos capaces de detenerlo. O puede que simplemente no tengamos ninguna intención de detenerlo.

Laura acabó dejando definitivamente a su pareja, porque lo que sentía por Sergio era imposible de esconder. Empezó una relación con él al poco tiempo de separarse. De hecho, ocurrió lo que ocurre con frecuencia: lo que sentimos es tan fuerte y estamos emocionalmente tan cerca que salimos de una y entramos en la otra. Solapamos prácticamente las relaciones. No es el mejor escenario, pero es difícil de controlar cuando nos sucede. Y, de hecho, la otra relación ya fue muriendo poco a poco, por lo que apenas sentimos la necesidad de atravesar ningún duelo.

Si Laura se hubiera encontrado en una relación en la que hubiera sentido que recibía lo que ella buscaba y en la que se sentía satisfecha, aunque podría haber conocido también a Sergio y podría haberse sentido atraída por él, es muy probable que no hubiera dado rienda suelta a sus sentimientos.

Cuando estamos bien en nuestra relación de pareja, nos sentimos satisfechos y no queremos ponerla en peligro. Aunque puede pasarnos que nos sintamos atraídos por otra persona, pondremos todas las barreras que hagan falta para alejarnos o no seguir la corriente a ese nuevo candidato que puede aparecer. Trataremos de poner toda la distancia posible para así evitar entrar en una zona de peligro. Puede salirnos bien o no, en función de cómo lo hagamos y las medidas que tomemos, pero por lo menos nuestra intención habrá estado clara.

La soledad no elegida (ruptura o muerte)

Nuestra primera experiencia con la soledad siempre es dura y poco agradable, pero tal vez, de todas las situaciones posibles, esta sea la más demoledora para quien la experimenta. Algunos quedan ahí atrapados en las brasas, ardiendo durante mucho tiempo, y otros encuentran, por sí mismos o pidiendo ayuda, los recursos necesarios para salir lo antes posible de ese profundo agujero. Se trata de recursos que están en nosotros. No es magia ni se requiere un determinado talento, sino que todos tenemos lo necesario para superar una ruptura o la pérdida inesperada o indeseada de alguien a quien amamos. Todos. Pero como cada uno lo vive diferente y, en general, se trata de una situación difícil y dura, siento que es muy importante que nos detengamos a hablar de ello.

Puede que ya lo viéramos venir, pero no quisiéramos aceptarlo y nos negáramos a verlo. Puede que nos pille por sorpresa al descubrir un engaño o una traición por parte de nuestra pareja. Puede que estuviéramos convencidos de que la relación funcionaba correctamente como siempre y un día escuchemos, sin darle más vueltas, un demoledor «ya no te quiero» que nos deje absolutamente rotos por dentro. En cualquier caso, en ese tipo de situaciones solo hay un camino correcto: afrontarlo desde la aceptación, desde la completa rendición, sin luchar, sin suplicar, sin arrastrarnos, sin lastimarnos, sin convertir nuestra dignidad en algo aún más minúsculo de lo que ya la sentimos. La dignidad... algo tan inmensamente importante, tan valioso, delicado y necesario y que tantas veces acabamos olvidando y perdiendo. Como ese camino es difícil de transitar, a menudo lo acabamos recorriendo de una forma demasiado dañina para nosotros.

En ese tipo de situaciones vivimos literalmente un abandono. Nos dejan, ya no quieren tenernos al lado, prefieren a otras personas, se van sin más. Hay pocas situaciones que dañen más nuestra autoestima que estas. Nos conectan directamente con nuestras creencias negativas y limitantes, con esa certeza que nos asegura que no somos suficiente, que no le importamos a nadie más, que no vamos a ser capaces de seguir adelante, que somos débiles, que no valemos, que no merecemos que nos amen y un montón de otras lindezas similares.

En mi libro *Autoestima automática* (Zenith) propongo hacernos la siguiente pregunta: ¿le diríamos a otra persona todo esto tan negativo que nos decimos a nosotros mismos, después de que su pareja la acabe de dejar? O más fácil aún: ¿se lo diríamos en cualquier momento? ¿Le diríamos eso a alguien? ¡Nooo! ¡Claro que no lo haríamos! ¡Jamás! Por lo menos no de forma consciente, porque sabemos perfectamente que con eso le haríamos mucho daño. Entonces ¿por qué motivo lo hacemos con nosotros mismos y, encima, cuando más amor y cariño necesitamos? Y lo fuerte es que nos hablamos así y creemos que no nos va a pasar nada. Está claro que sí tiene un efecto y que nos hacemos muchísimo daño. El mismo que le haríamos a otro ser humano.

Estas experiencias nos llevan a una situación de cambio absoluto, nos vemos obligados a enfrentarnos y atravesar un duelo para adaptarnos a la nueva realidad sin nuestro compañero de vida. Y lo peor es que nosotros no deseamos ese cambio, no queremos ni buscamos modificar nuestra realidad, pues nos sentíamos seguros en ella. Era nuestra zona de confort, nuestro espacio íntimo, y ahora ya no lo tenemos. Probablemente no lo tendremos ya nunca más. Y eso es muy complicado de aceptar cuando no lo deseamos.

Como en todo proceso de duelo, tenemos que transitar por diferentes fases:

- **Negación.** Cuando no queremos aceptar la nueva realidad, pensamos que es una broma, un tropiezo de la otra persona que ha entrado en crisis, pero que en cualquier momento se va a dar cuenta del gravísimo error que está cometiendo y nos suplicará volver atrás.
- **Rabia.** La sentimos al darnos cuenta de que la otra persona no vuelve a nosotros, que sigue y que incluso está ya con alguien más, que la cosa va en serio. No lo soportamos, no sabemos qué hacer con el alud de emociones que nos hacen colapsar por dentro.
- **Tristeza.** Vemos cada vez con mayor claridad que no hay marcha atrás, que nos hemos quedado sin la otra persona y que ya «nunca más» (con lo que pesan esas dos palabras) vamos a volver a estar juntos. La pena, la tristeza, el dolor y las punzadas en el corazón se van haciendo habituales en nosotros y en nuestro día a día, aunque cada vez con menos intensidad. La tristeza nos ayuda a abrazarnos por dentro, a recogernos y a rodearnos del amor, del afecto y del cariño de quienes nos aman y quieren vernos bien.
- **Aceptación.** Es el momento en el que ya nos hemos liberado, cuando incluso llegamos a sentirnos bien estando sin la otra persona, cuando nos damos cuenta de que nos hemos renovado, reconstruido y que incluso, si lo hemos hecho bien, nos hemos convertido en una versión mucho mejor de nosotros mismos que la que ofrecíamos antes al mundo.

Hay quien, tras el choque inicial y la negación, busca refugio y consuelo en sus seres queridos, en sus *hobbies*, en actividades que le llenen y le aporten nuevas ilusiones, en abrirse a conocer y hacer nuevos amigos, etcétera. Esas son las personas que se recuperan antes. Otras se quedan atascadas en alguna de las fases del duelo y pueden permanecer allí durante años. Son las que al pasar el tiempo, siguen pensando día y noche en su expareja, siguen hablando de él o ella, no ponen de su parte para salir del agujero y parece que les guste estar tristes y con el disfraz de víctima. Se acaban quedando solas porque a nadie le gusta tenerles cerca. Son negativas y destructivas, y crean más destrucción. Cuanto antes se den cuenta de que están ahí atrapadas, antes pondrán los medios necesarios para salir. Como siempre, la consciencia es la clave indispensable.

Ya hemos comentado que, según Punset, el paso del tiempo mata el amor que hubiéramos podido sentir en el cerebro, que es donde está el amor realmente. Punset afirmaba también que el desamor es una emoción transitoria que está programada para morir. ¡Atención a la importancia de este dato! El desamor está programado para morir, para que pase, y según António Damásio, la mejor manera de precipitar el final de una emoción negativa como el desamor es generar otra emoción de la misma intensidad pero de signo contrario.

En lugar de zambullirse en la interpretación de la pesadilla, es necesario y recomendable perseguir el destello de un nuevo esplendor, una nueva ilusión, un objetivo, un motivo de realización personal, algo que nos mueva emocionalmente y nos empuje hacia delante. Así es como dejaremos, sin darnos cuenta, de mirar atrás.

Cuando la soledad no elegida se da por la muerte inesperada de nuestra pareja, el proceso de duelo se vive diferente. Conectamos con las mismas fases (negación, rabia, tristeza y aceptación), pero es algo que no ha sido decidido voluntariamente por la otra persona (a menos que se trate de un suicidio). Lo más aconsejable en estos casos de pérdida por muerte es pedir ayuda terapéutica a un psicólogo experto en procesos de duelo y, además, apoyarse en grupos de duelo, en los que uno conecta con otras personas que están viviendo lo mismo o han pasado por ello. Eso suele ser muy beneficioso porque con ellos sentimos que nos entendemos, que hablamos el mismo idioma, que nos pasa lo mismo, y ahí se crea una conexión. Eso nos hace ver que no estamos solos y que podemos superarlo, y entonces el proceso es más llevadero (dentro de su propia dureza, claro está). Hay personas que transitan por el duelo solas y van avanzando, mientras que otras no logran avanzar. Insisto, pedir ayuda es lo más beneficioso porque, además, eso nos permitirá aprender lo necesario de esa experiencia, algo que nos sume, que nos haga crecer y sentirnos mejor.

El caso de Raquel

Raquel llevaba quince años casada. Tenía dos niños de seis y ocho años. Ella jamás se había planteado la posibilidad de separarse de Ignacio, a pesar de ser la que se hacía cargo de todo (de la casa, de los niños, de la comida y de la organización), además de trabajar en un banco a jornada completa. Ignacio, en cambio, era contable en una empresa muy importante y como, según él, era un trabajo muy estresante, necesitaba ir cada día un par de horas al gimnasio después de salir del trabajo y lo combinaba con el pádel y la bici los fines de semana. Ella no se daba cuenta de la diferencia abismal que había entre la vida que llevaba él y la que llevaba ella. Se había acostumbrado y lo había normalizado por completo. De hecho, apenas se quejaba, a pesar del estrés que llevaba encima. No tenía ni un minuto de tiempo para ella.

Un día se dio cuenta de que Ignacio estaba raro. No sabía definir en qué, pero lo veía diferente. Esa intuición que tenemos muchas mujeres la advirtió a gritos... No sabía cómo sacar el tema o cómo enfocarlo para no parecer una loca, pero, al final, un día después de cenar, le preguntó si estaba bien porque lo notaba diferente. Él bajó la mirada y le soltó que se quería separar, que ya no la quería.

Evidentemente, el mundo de Raquel se vino abajo en una milésima de segundo y decidió que aquello no podía ser cierto. Con todo lo que ella hacía por él y por la familia, ahora él no podía venir y decirle que no la quería y que quería dejar la relación, qué se había creído... en fin. Eso es la negación, negar algo que es evidente y claro como el agua.

Pero, afortunadamente, Raquel tenía una familia que la apoyaba, así como buenos amigos. Desde el primer momento trató de aferrarse a ellos, de explicarles lo que sucedía y lo que sentía.

Ese abandono inesperado, ese sentir que te dejan tirada, que no vales para nada y que ya nadie te va a querer... que ya no tienes veinte años. Encima, como todo el mundo, pensó que él debía de estar con otra mujer, y eso aún le daba más rabia. Pensar que la otra persona, quien nos deja, ya está en otra relación viviendo un enamoramiento, feliz como una perdiz, y nosotros estamos solos y hechos una piltrafa, es duro de asimilar para cualquier persona.

Las amigas de Raquel no la dejaban ni un momento sola. Dos de ellas, que no tenían pareja, la obligaban literalmente a que fuera con ellas adondequiera que tuvieran que ir. Cenas, bailes, cursos, conferencias, viajes, escapadas, todo; no la dejaron sola. En muchas ocasiones, Raquel no tenía ganas de ir con ellas, solo quería quedarse en casa, apagar las luces y llorar toda la noche, toda la tarde, todo el día, pero ellas no lo permitieron. Y al forzarla, ella al final acababa accediendo y acompañándolas.

Y fue así como a los pocos meses empezó a recuperarse y recobró la ilusión y la esperanza, gracias a que las amigas estaban ahí y a que ella se esforzó y puso de su parte (está claro que hay personas que por mucho que las empujen y las animen no aceptan ni aprovechan la ayuda).

Tener esos recursos, aprovecharlos y poner mucho de su parte es lo que le permitió enfrentarse a la nueva situación «a solas» por la vida, sin pareja. Si se hubiera negado a aceptar la realidad, habría sido como negarse a estar sola, a seguir su camino sin él y la soledad. Es importante abrazar la soledad cuanto antes, para tomar conciencia de que nuestra relación con ella es de las más importantes y de las que más deberíamos cuidar.

El caso de Mónica

El de Mónica es un caso muy distinto. Ella llevaba cinco años con Esther. Se habían conocido de muy jovencitas y se reencontraron cuando las dos tenían treinta y tres. Desde el inicio todo fue muy rápido. Empezaron a salir y a los dos meses ya estaban viviendo juntas. A pesar de ser muy diferentes, vivían la relación con cierta fluidez, trataban de aceptar las partes más negativas de la otra, y así pasaron los tres primeros años. Sin embargo, cada cuatro o cinco meses, Esther se distanciaba de ella y le decía que tenía dudas, que no sabía lo que le pasaba o si sentía lo que tenía que sentir. Mónica hacía oídos sordos y aguantaba el alejamiento como podía, sabiendo que tarde o temprano ella iba a volver. Así era cada vez.

Pero de repente, pasados poco más de cinco años, llegó un día en el que Esther no volvió. Había conocido a Marta y había perdido el norte completamente. Se había enamorado desde lo más profundo y no podía gestionarlo de ninguna manera. Se fue con Marta porque no lo pudo evitar (así se lo explicó ella misma) y dejó a Mónica para siempre.

Mónica, acostumbrada a que Esther siempre volviera, al principio estaba convencida de que sería cuestión de días, de que pronto se daría cuenta del error que estaba cometiendo. Pero esa vez no fue así.

Al tomar conciencia de la realidad que estaba viviendo, Mónica se hundió en lo más profundo. Estaba aterrada y, en su cabeza, la idea de seguir adelante sin Esther no era una opción. Se negaba a ello por completo. No podía imaginar su vida sin ella, sin sus actividades en común, sin sus costumbres, sin sus cosas, sin sus discusiones... No podía soportar la idea de quedarse ¡sola!

Con ese suceso volvió a darse cuenta de los profundos problemas de autoestima que siempre había tenido, pero no fue suficiente como para que pidiera ayuda. Empezó a decir que no valía para nada y que su vida no tenía ningún sentido.

Quedó atrapada en el papel de víctima, y por mucho que sus amigas intentaban animarla, no había manera. Era como que ella tenía un único discurso en su cabeza y no le valía nada más que eso. Era como un disco rayado, muy cansina, día y noche con las mismas frases, con los mismos reproches hacia sí misma, culpándose de todo.

Si alguien le decía: «Mónica, ya no está contigo, se acabó, ahora tienes que seguir tu camino sin ella, sola», su llanto se volvía más intenso y gritaba de desesperación. Era como si estuviera interpretando una obra de teatro, una tragicomedia que alejaba cada vez más a cualquiera que estuviera a su alrededor.

En estos casos, da la impresión de que la persona no quiere salir de esa situación. Es como si le faltaran fuerzas para agarrar la dignidad que le queda y seguir adelante dando un puñetazo en la mesa.

Siempre tiene que haber un punto en el que digamos *«¡basta!»*, y si vemos que no conseguimos llegar a él, hay que pedir ayuda. Pero debemos tener claro que pasar por un duelo indeseado nunca va a ser fácil ni agradable. Puede ser durísimo vernos forzados, sin desearlo, a enfrentarnos a la soledad con la que nos conecta la ausencia del otro. Pero nadie nace tan defectuoso como para no ser capaz de gestionarlo. Todos podemos, sin excepción. Pero debemos poner de nuestra parte. Como el que ha perdido el apetito y va dando sorbitos poco a poco porque sabe que tiene que comer porque si no se encontrará peor... pues lo mismo. Poco a poco debemos ir enfrentándonos a nuestros miedos, al rechazo que sentimos por la nueva situación, y empezar a darnos cuenta de que esa es la única realidad que tenemos en este momento y que solo aceptándola y aprendiendo a lidiar con ella saldremos adelante y nos iremos sintiendo cada día mejor con nosotros mismos. A solas y con otras personas a nuestro alrededor.

La soledad elegida

Tipo 1: cuando tú has decidido la ruptura

La soledad elegida es tal vez la más llevadera (aunque eso no significa que quien tiene que dar el paso de romper la relación no sufra), por lo menos al principio. Se da cuando tomas la decisión de que quieres estar solo (generalmente después de estar en una relación en la que no has estado bien o en la que ya sientes que no quieres seguir), lo hablas con tu pareja y das el paso. Empiezas un recorrido que irás transitando paso a paso, como si fuera una escalera que tienes que ir subiendo para llegar a la puerta que comunica con el exterior, desde donde puedes volver a volar bien alto. Las fases (o peldaños, como yo los llamo) que se acostumbran a dar son las siguientes:

– **Peldaño 1: liberación inicial.** Cuando una persona ya no quiere estar en una relación y siente el impulso de irse (por más que en determinados momentos se le active la pena, la culpa o el miedo, emociones habituales cuando nos planteamos dejar a alguien), tras dar el paso definitivo, lo más probable es que experimente un cierto grado de liberación. A pesar de esa culpa o esa pena, en el fondo, siente que ha hecho lo que deseaba, que ha hecho lo que en ese momento le dictaba su intuición, y eso siempre sienta bien. La liberación inicial produce una sensación de ligereza, de apertura, de vitalidad, de ilusión al mirar hacia delante.

– **Peldaño 2: euforia.** La liberación inicial se transforma rápidamente en un estado de euforia cuando la persona siente que tiene el mundo a sus pies, que no hay barreras, que es totalmente libre para hacer lo que desee y con quien quiera. Por eso parece que muchas personas en este peldaño vuelvan a la adolescencia. Actúan o se comportan como si tuvieran veinte años a pesar de tener más de cuarenta o cincuenta o sesenta. Tal vez actúan de una forma de la que no pudieron actuar cuando les tocaba por haber empezado su relación demasiado jóvenes. Se perdieron esa etapa y ahora es como si quisieran aprovechar todo el tiempo perdido y darlo todo. Este peldaño puede verse con mucha más frecuencia en los hombres, aunque también me he encontrado con algún caso de mujeres que lo experimentan.

- **Peldaño 3: las dudas.** Después de haber vivido ese período de desahogo y de euforia tras la liberación, algunas personas suben el peldaño de las dudas. Eso suele ocurrir si conectan con la soledad. Tal vez porque las personas con las que se van cruzando no las llenan o no se interesan por ellos o ellas, las comparan con su expareja (que sí estaba dispuesta a hacer lo que hiciera falta para seguir a su lado), empiezan a pensar que tal vez se han equivocado, que tal vez no tendrían que haber tomado esa decisión de romper la relación, que tal vez no estaban tan mal...

  En función del caso, de lo que hayan vivido en su anterior relación, puede que esas dudas queden en un simple bajón momentáneo y que rápidamente vuelvan a la realidad y tomen conciencia de que no quieren volver ahí por nada del mundo (sobre todo en los casos de relaciones tóxicas de las que ya han conseguido desengancharse). Puede que se acuerden de por qué tomaron la decisión de irse y eso los ayude a volver a la realidad actual, a todas las ventajas y mejoras que están experimentando: más paz, más descanso, más equilibrio, más bienestar (exceptuando pequeños momentos puntuales). Al ver todo esto, encuentran de nuevo la fuerza suficiente para seguir donde están y volver a mirar hacia delante.

  Sin embargo, es cierto que en este peldaño hay personas que pueden pasarlo bastante mal. Concretamente en dos casos:

en primer lugar, si han salido de una relación de dependencia que no estaba totalmente superada y con las dudas vuelven a tener contacto, lo más probable es que tengan que subir el peldaño 4 que explico a continuación, con todo lo negativo que esto implicará para ellas. En determinadas ocasiones, el peligro de una recaída puede ser demoledor. En segundo lugar, puede que se den cuenta de que ha sido un capricho o de que ha pasado alguien que les ha hecho perder la cabeza y por eso decidieron dejar la relación, pero ahora, tras ver la realidad que hay al otro lado y al haberse pasado ya el fogonazo del enamoramiento inicial, quieren volver donde estaban. Y puede que estén a tiempo o puede que no.

- **Peldaño 4: intentos de volver atrás.** Como comentaba, este peldaño no tiene que subirlo todo el mundo. Si en el tercer peldaño, cuando aparecen las dudas que ayudan a valorar desde la perspectiva actual si se ha tomado la decisión correcta o no, la parte racional dice que sí y que adelante, esa persona pasará directamente al peldaño 5, el último. Pero hay casos en que no está tan claro, así que lo que ocurre es que se decide emprender un camino de vuelta a esa relación de la que ya se había salido. Si la relación era muy tóxica, en el caso de que la otra persona acepte volver a la relación, enseguida se dará cuenta de que se ha equivocado porque muy rápidamente volverá a sentirse igual que cuando decidió que quería salir de allí. Se arrepentirá de su retroceso y regresará a la casilla de salida para retomar ese primer peldaño de liberación inicial.

  También puede ocurrir que la otra persona diga que no quiere volver, lo que la obligará a enfrentarse a la soledad aparentemente no deseada (no deseada ahora, porque antes sí que la quería y por eso decidió separarse. Eso debería dar que pensar...). Puede vivirlo como un abandono, como si su pareja hubiera decidido dejarla, a pesar de que todo esto lo inició porque, en su momento, lo tuvo muy claro. Si uno decide dejar una relación para quedarse solo, es porque en ese momento lo tiene claro. De no ser así, no lo hace. Por ello, no debería lamentarlo después, sino tratar de recordar todo lo que vivía para llegar al punto de querer irse de allí. Es cierto que, al entrar en contacto con la soledad y el miedo y el rechazo que esta provoca (debido a la vergüenza que ya hemos comentado), el cerebro nos intenta seducir con imágenes bonitas de la relación, con todo aquello que tanto nos gustaba, seguramente momentos de lo más aislados y muy puntuales, que tal vez ni siquiera eran como los recordamos ahora. Es una forma de seducirnos para que vayamos a lo que para la mente es nuestra zona de confort, a lo que conocemos, que es donde cree que estamos seguros y a salvo. Pero, claro, la realidad es otra muy distinta.

- **Peldaño 5: liberación final.** Cuando la persona consigue mantenerse donde está, llega al último peldaño, el que la conduce directo a la salida, a la liberación final. Una vez allí, ya libre de apegos, de lastres y de emociones desestabilizadoras como la pena, la culpa o el miedo, empezará a saborear todo lo bueno que esa nueva etapa le tiene preparado. Se recuperará por completo, se enfrentará a nuevos retos, se dará cuenta de lo que es capaz, se reconstruirá desde la maduración y el aprendizaje que ese duro proceso le ha permitido incorporar. Es en este punto, en la liberación final, cuando empieza a experimentar el placer de estar consigo misma, con la gente que eligió porque le suma y le hace bien, siendo capaz de decir «no» si es necesario y apartándose de todo aquel que no le aporte lo que busca.

El caso de Ígor

Recuerdo perfectamente el caso de Ígor. Era un chico gay que había mantenido una relación durante más de dos años con un hombre mayor que lo llevó por el camino de la amargura. En esos dos años perdió a todos sus amigos, tuvo que dejar su trabajo y casi se queda sin dinero. Todo debido a la inestabilidad tan profunda que le generaba su relación de pareja con un tipo muy controlador, manipulador y maltratador.

Lo que ocurría es que Ígor había perdido a su padre cuando él era muy pequeño y siempre le había faltado la figura paterna. Al encontrar a este hombre que era mayor que él, es muy probable que buscara en él la seguridad de un padre, la protección, y por eso se dejó llevar hasta el mismo infierno.

Él explicaba que vivía momentos en los que deseaba muchísimo la soledad, la imaginaba, la soñaba, pero al mismo tiempo le aterraba. Hasta que llegó un día en el que no pudo más. Sin pensarlo demasiado, después de que volviera a hacerle sentir mal, pequeño, incapaz y poco valioso, recogió sus cosas y se largó. Sin mirar atrás.

Primero fue a casa de un amigo suyo. Trataba de no mirar el móvil, a pesar de que estaba pendiente de si el otro lo llamaba. No fue así. Por suerte, no insistió ni una sola vez para que volviera, gracias a su aplastante orgullo. Fue una suerte, sin duda, porque a Ígor le fue más fácil mantenerse en su decisión.

Pasó dos meses muy bien; se sentía liberado y conectando de nuevo consigo mismo. Pero después de haber conocido a varios chicos y de darse cuenta de que ninguno quería una relación seria más allá de algo puramente sexual, de encontrarse solo con personas muy promiscuas (como él mismo lo definía), empezó a pensar de nuevo en su expareja, pero de una forma distinta.

Empezó a valorar mucho lo que no encontraba en otros y a olvidarse de todo lo que había sufrido y perdido en esa relación.

Tambaleó un poco, sintió dudas. Incluso se escondía debajo del portal de su expareja detrás de algún coche para ver a qué hora volvía a casa y si entraba o salía con alguien, hasta que al final se vio a sí mismo desde fuera. Con un poco de perspectiva todo se ve más claro, y cuando consiguió esa claridad, cuando se vio haciendo todo aquello por una persona que le había tratado tan mal y con quien había sufrido tantísimo, recogió la dignidad que le quedaba y de un salto llegó al peldaño de la liberación final.

Hoy es feliz, sin pareja, disfruta de su tiempo, cuida mucho su autoestima y está convencido de que existen otros hombres que, como él, buscan una relación basada en el amor, la aceptación y el respeto.

Tipo 2: cuando decides que no quieres tener pareja (la hayas tenido o no), que quieres estar solo

Es cierto que enseguida pensamos que quien toma la decisión de no tener pareja es que debe de tener algún problema, que eso no es normal, que debe pasarle algo, pero la realidad es que puede haber personas (y te aseguro que las hay) que en algún momento de su vida deciden o necesitan estar solas. Toman esta decisión de forma consciente y no la viven como una desgracia, sino como algo deseado y que llevan fenomenal. Se trata de personas con una buena autoestima, que deciden el tipo de relación que quieren tener con cada persona que les rodea, con una vida social plena y satisfactoria, haciendo lo que más les conviene, disfrutando de no tener que estar pendientes de nadie ni tomar decisiones teniendo en cuenta a nadie.

Puede que deseen estar así durante un tiempo después de una relación traumática o de algún suceso que les haga desear la soledad, entendiéndola como retomar el contacto con uno mismo o como encontrarse con uno mismo por primera vez. O puede que, simplemente, por sus valores o su educación, esta sea la opción que más les encaje o les convenza. Y es que se trata de una opción tan respetable como cualquier otra.

Cuando uno toma esta decisión, es habitual que la familia se preocupe, como si eso fuera una gran desgracia. Recuerdo que una vez conocí a una importante traumatóloga experta en pies de Madrid. Debía de tener unos cuarenta y cinco años, y dentro de su especialidad había recibido muchos premios y reconocimientos por su labor. De hecho, muchos deportistas de élite que tenían algún accidente o lesión no querían que les tocara nadie que no fuera ella. Está claro que para llegar tan alto había invertido muchas horas trabajando, formándose y dedicándose a ello, para no dejar de mejorar. Había estado en muchos países, realizando cursos y como ponente en numerosos congresos. Su vida estaba totalmente enfocada al trabajo, que, por cierto, era su verdadera pasión y lo que le daba verdadero significado. Pero esto hay mucha gente que no lo entiende.

El día que me la presentaron me explicaba que acababa de recibir un cargo muy importante para ella, vinculado al mundo del deporte. Cuando se lo explicó a su padre, sucedió lo siguiente:

—Papá me acaban de nombrar... ¿Qué te parece?

—A mí lo que me haría feliz es que encontraras pareja —respondió el padre.

Sobran las palabras, ¿verdad? Cuánta información en una sola frase, cuánta carga de prejuicios, creencias limitantes y valores caducados en una sola frase. Ese señor no era capaz de ver que su hija no podía ser más feliz, que tal vez con una pareja, en ese momento de su vida, no podría disfrutar igual de su trabajo, de su crecimiento en él y de sus éxitos. Eso es lo que la hacía feliz a ella, y lo más bonito habría sido que el padre se hubiera mostrado capaz de entenderlo. Que hubiera tenido suficiente con ver a su hija feliz para ser feliz él. Pero no. Él estaba preocupado porque ella no tenía pareja. ¿Y crees que eso era lo que realmente le preocupaba de ella? Puede que ese fuera el discurso del padre, pero la realidad es otra. Eran sus propios prejuicios los que le hacían sufrir de aquel modo y sentir vergüenza. Ya puedo imaginar la vergüenza que debía de sentir aquel hombre cuando otras personas con su misma mentalidad limitada le preguntaban: «¿Y qué, tu hija? ¿Aún trabaja tanto o ya ha encontrado pareja?», y él queriendo desaparecer... Con lo sencillo que sería decir que no y sentir verdadero orgullo por los logros que estaba consiguiendo ella, por el bien que hacía a la sociedad y por todo lo que estaba aportando al campo de la medicina. En fin, una pena.

Y la realidad es que, como este señor, hay muchos. Pero como ella, hay pocas. Hay pocas personas que decidan que en una etapa determinada no pueden permitirse tener pareja porque quieren dedicarse por completo a algo que les absorbe al cien por cien, o simplemente porque quieren vivir de otra forma.

Son personas que tal vez tengan a veces sus encuentros sexuales puntuales, y otras puede que no los necesiten o que no les guste la idea. Todas las opciones son igual de válidas.

Lo importante, como siempre, es que cada uno se sienta cómodo con la opción que elija y que no esté eligiendo algo por la otra persona sin ser lo que siente de verdad.

Cuando uno toma la decisión de estar sin pareja, puede llegar a ser muy feliz y a sentirse realmente lleno. Aunque a los perfiles más dependientes les pueda parecer imposible, es así. Y esas personas pueden estar sin pareja toda la vida. A lo mejor en algún momento tienen una relación, pero prefieren estar cada uno en su casa, vivir separados, y cuando lo desean, se juntan y comparten. Se sienten más cómodos. Cada uno lleva su casa como quiere, ninguno se tiene que adaptar al otro porque no hay convivencia y sienten que se ahorran un montón de discusiones. También duermen cada uno en su casa porque dicen que duermen mucho mejor que cuando están con la otra persona. De hecho, incluso hay quienes deciden dormir en habitaciones separadas para garantizar un buen descanso.

En definitiva, quienes toman conscientemente la decisión de no tener pareja tienen, sin duda, una buena autoestima y no temen a la soledad, saben ocupar sus espacios de tiempo, tienen cosas que hacer que les hacen sentir bien y que les llenan, tienen amigos con quienes compartir actividades que les gustan y no se preocupan por los prejuicios que tengan los demás.

El problema lo tendrán si se enamoran de alguien con quien están muy bien y ese alguien no acepta esa situación que ellos defienden. Es más fácil que un día se enamoren de alguien que quiere convivencia que de alguien que no la quiere. Al menos, eso es lo más habitual. Por ello, en muchas ocasiones, aunque se enamoren, al final siguen solos, porque no quieren cambiar esa situación por nada ni nadie y la otra persona se acaba marchando de su lado.

La soledad inesperada

Me he encontrado varias veces en la consulta con este tipo de casos en los que apenas pensamos, pero que también existen. Se trata de personas que llevan varios años sin pareja estable (hayan tenido una relación larga y estable en el pasado o no). Puede que hayan iniciado alguna historia, pero que no haya acabado de funcionar, y hayan decidido seguir en su situación de soltería. Son personas que no tienen ningún problema con la soledad. Saben ocupar su tiempo con actividades varias, saben estar solas en su casa o entreteniéndose con cualquier cosa. Tienen amigos con quienes quedar y compartir. Son sociables, por lo que, si no tienen amigos disponibles, piensan opciones para incorporar a nuevas personas en sus círculos más cercanos. En definitiva, esas personas no se pasan los domingos por la tarde llorando en el sofá de casa o tumbadas en la cama lamentándose porque nadie las ama o nadie se fija en ellas. Son personas que saben disfrutar de sí mismas y de sus espacios de soledad.

Pues bien, puede llegar un momento en el que, a pesar de haberlo llevado con esta seguridad y ligereza, de haber vivido el no tener pareja desde una tranquilidad y fluidez admirables, algo cambia en su interior. De repente, puede que alguna relación que medio empieza les falle, o que se crucen con alguien muy tóxico que les perturbe emocionalmente y les desequilibre, o que debido a algún suceso inesperado en su entorno más próximo conecten con la soledad de una forma nueva para ellos. Empiezan a verla como algo que ya no es tan inofensivo como creían. Es como que siempre se habían llevado bien con ella y tenían una buena relación, pero ahora ya no la aceptan de la misma forma. Ya no les gusta, ya no la quieren y empiezan a sentir un cierto rechazo.

Puede que esto les ocurra por la edad, por los cambios biológicos que esta implica (no hay marcha atrás en determinados temas, ya que a partir de cierta edad es imposible o es mucho más difícil tener hijos, sobre todo las mujeres), o porque las cosas cambien a su alrededor (mueren los padres, familiares, etcétera). La cuestión es que, de repente, algo en lo que estas personas jamás habían pensado empieza a ocupar espacio en su mente para asentarse ahí cada vez con más fuerza.

Les sorprende porque no lo conocían, no se habían enfrentado nunca a esos miedos. Sin embargo, eso no significa que no sean capaces de reconducirlos y situarlos en un espacio en el que no les provoquen tanto malestar.

El caso de Clara

Clara era enfermera y trabajaba en un hospital atendiendo a enfermos terminales. Era una mujer exitosa y reconocida entre sus compañeros como una persona totalmente independiente y capaz de hacer cuanto se le antojara sin necesitar nunca a nadie.

Había venido a verme porque desde hacía más de dos años estaba atrapada en una relación de lo más tóxica, destructiva y surrealista que podamos imaginar. De hecho, no recuerdo a muchas personas con un nivel de enganche como el suyo. De entrada, necesité tres sesiones para convencerla de que la única vía hacia su recuperación era el contacto cero con aquel hombre que la desequilibraba por completo.

Cada vez que venía, traía un discurso similar: «Estoy avanzando», me decía mientras me explicaba cualquier rollo que yo ni siquiera escuchaba. Yo solo oía: «Y luego le llamé y le dije...», «y luego él me preguntó...», «y yo le respondí...», bla, bla, bla. Yo lo único que oía era «contacto», «contacto», «contacto». No me interesaba nada más. No había hecho nada de lo que habíamos pactado en la sesión anterior. No me hacía ni caso. Cero. Parecía que todo lo que trabajábamos y hablábamos le entraba por un oído y le salía por el otro.

Pero, por otro lado, conducía muchos kilómetros cada día que venía a hacer una nueva sesión, por lo que yo sabía que una parte muy importante de ella realmente quería salir de ahí (a pesar de que no lo pareciera).

Un día llegó como siempre y le pregunté: «¿Sigue bloqueado?». Me contestó enseguida. Empezó con un «bueno, espera que te cuento». La estuve escuchando durante unos veinte minutos con el mismo discurso exacto que las otras veces: «Él me llamó diez veces y al final yo descolgué», «y luego le dije si se daba cuenta de que me estaba faltando al respeto», «y él me dijo...». Hasta que yo llegué a mi límite y opté por otra estrategia.

—¡Basta! ¡Basta, Clara, basta! No me interesa lo más mínimo nada de lo que le hayas dicho, ni mucho menos lo que te haya dicho él. Nada. Estás exactamente en el mismo punto que el primer día, en el mismo, ¿no te das cuenta? Mientras tú te autoengañas con esos rollos, tratas de engañar a los demás, pero aquí ese discurso no cuela. Aquí quiero que entiendas solamente una cosa, una y nada más. El único camino para que te liberes y te recuperes es el contacto cero, ¿lo entiendes? Contacto cero, nada más. Nada más. Todo lo que no sea contacto cero absoluto es seguir en el mismo punto. Debes implicarte y comprometerte de verdad en este objetivo.

En ese momento, Clara se quedó inmóvil. No estaba segura de si iba a empezar a llorar, pero era evidente que mis palabras no la habían dejado indiferente. Al contrario, le habían llegado a lo más profundo del alma, y sintió un intenso y profundo dolor. Se quedó pensando unos segundos y yo lo respeté, manteniendo ese silencio que ella parecía necesitar mientras ordenaba sus pensamientos. Y luego de repente, me dijo:

—Me acabo de sorprender mucho, Silvia, porque tienes razón en todo, tienes mucha razón. Con mi discurso incansable solo trato de convencerme a mí y a los demás de por qué sigo con él, con alguien que ni me gusta ni encaja para nada conmigo. Y lo que más me sorprende es que creo que aquí detrás hay un profundo miedo a la soledad, pero me sorprende especialmente porque yo siempre he sido una persona que no he tenido problemas en hacerlo todo sola. He viajado sola, voy a menudo al cine sola, incluso a cenar... Nunca he necesitado a nadie y, sin embargo, ahora, con este tipo que ni siquiera me gusta, que está totalmente desequilibrado y me está desequilibrando y destruyendo a mí, no soy capaz de cortarlo. Sí, sí, creo que es el miedo a la soledad, pero no lo entiendo, nunca antes lo había identificado. ¿Tal vez sea por la edad? ¿Porque he llegado a los cuarenta y seis y mi vida no encaja con la foto que yo me había imaginado? ¿Porque llegado este momento yo creía que ya tendría una familia, una estructura construida y en realidad no tengo nada?

—Bueno, bueno, Clara, no tienes nada de eso, no tienes esa familia de tu foto, pero sí tienes muchas otras cosas y muchas otras personas a tu alrededor.

Y era cierto. Era una mujer muy sociable y extrovertida, a quien no le faltaban amigos y conocidos con los que quedar cuando lo deseara para hacer lo que se terciara. Tenía amigos con pareja, amigos sin pareja, con hijos, sin hijos, de todo tipo.

Y es cierto, el miedo a la soledad, al abandono, a quedarnos solos es ese miedo que, de alguna forma, está en nosotros. Es muy probable que, tarde o temprano, acabemos conectando con él.

Los seres humanos somos seres dependientes de otros seres humanos. Somos sociales y por ello necesitamos relacionarnos con otras personas, con otros iguales. Eso es lo que nos da vida. De hecho, ese es el ingrediente estrella para que nos recuperemos de una ruptura de pareja, alguien parecido a nosotros que esté en una situación parecida.

Pero a Clara le pasó lo que le pasa a tantísima gente: confundió el hecho de quedarse sin pareja con el de quedarse sola, abandonada, perdida en el temido laberinto de la soledad.

10

SOLEDAD SANA Y SOLEDAD INSANA

Hemos visto que hay diferentes tipos de soledad en función de cómo es nuestro primer contacto con ella. A veces, ese primer contacto es deseado. Otras veces no es deseado, o incluso puede rechazarse profundamente, y aun así, es posible que no nos quede otra opción que enfrentarnos a ella.

Sin duda, saber estar solos y llevarnos bien con la soledad es una asignatura muy importante para los seres humanos. La realidad es que, pese a ser sociales y necesitar a los demás, estamos solos. Creamos vínculos sociales con nuestras relaciones y esos vínculos son imprescindibles, pero hay una diferencia importante entre ser seres sociales y vincularnos con otros y saber estar a solas con nosotros mismos cuando sea necesario.

Al fin y al cabo, estar solos es relacionarnos con nosotros mismos. No deja de ser un tipo de relación. Nos hablamos y nos tratamos de una forma determinada con nuestros comentarios hacia nosotros mismos, con nuestras conductas, con lo que permitimos que nos hagan, con nuestras elecciones, etcétera. Todo esto es algo que puede darse estando solos o interactuando con los demás, pero lo vivimos desde nuestro interior, como una experiencia subjetiva... en soledad.

¿Cuándo es recomendable la soledad?

Todos los seres humanos deberíamos ser conscientes de que estamos solos y, por ello, deberíamos aprender lo antes posible a lidiar con esos espacios en los que no estamos interactuando con otros seres humanos.

A lo largo de nuestra vida nos movemos siempre del amor al miedo. Amar es, desde mi punto de vista, nuestra condición esencial, la base de nuestra vida. Amar y que nos amen nos hace crecer, expandirnos, conectar, sanar y llegar desde el equilibrio allí adonde deseemos. Sin embargo, el miedo es el que nos paraliza, nos invalida y nos hace pequeños allí donde podríamos ser tan grandes como quisiéramos.

Si conectamos con el amor, no quedaremos atrapados en relaciones tóxicas, no nos aferraremos nunca a alguien que nos trata mal o nos demuestra que no nos quiere con sus actos.

Cuando estamos atrapados en relaciones así, lo hacemos porque estamos paralizados por el miedo (debido a traumas o heridas del pasado). En esos casos, ni amamos a los demás ni nos amamos a nosotros mismos.

Por lo tanto, es recomendable aprender a estar solos si sentimos que no sabemos estarlo y que es necesario para nosotros hacer este aprendizaje. Se trata de tener espacios de introspección, de conexión con uno mismo y con nuestro mundo interior, con nuestro silencio, con el vacío que habita en todo. Profundizaremos más en ello en la segunda parte del libro, pero hay que tener claro que es muy necesario y muy sano ser capaces de sanar la relación con nuestro propio ser, hacer las paces y que ello no nos asuste, sino todo lo contrario, que incluso a veces nos apetezca.

¿Cuándo no es recomendable la soledad?

Es cierto que es muy recomendable que nos enfrentemos al extendido miedo a la soledad para aprender a lidiar con ella. Sin embargo, también es cierto que, algunas veces, la soledad no es nada recomendable. Es más, en algunas ocasiones, la soledad puede perjudicar seriamente la salud.

Relaciones tóxicas

Uno de los casos en que no es recomendable enfrentarnos a la soledad es cuando estamos tratando de salir de una relación en la que hay dependencia o cuando simplemente tenemos que encajar una ruptura o una pérdida que no deseamos (del tipo que sea). En esta situación, quedarnos solos puede ser del todo contraproducente porque la soledad nos llevaría a pensar de un modo mucho más obsesivo, insistente y profundo en eso que tanto nos está doliendo. Si nos quedamos en silencio, nuestra mente irá justo ahí, a ese problema, a esa dificultad, a esa pérdida, y está claro que eso no nos hará sentir nada bien. Justo lo contrario: caeremos en un abismo demasiado doloroso e innecesario.

Está claro que ante cada pérdida hay que transitar por un duelo, pero cuando nuestro pensamiento está totalmente lleno de eso que hemos perdido, es muy importante distraerlo con otras cosas, con otros temas nuevos y diferentes que nos aparten (aunque sea de forma temporal o momentánea) de eso que tanto nos duele. Así nuestra mente irá sanando la herida poco a poco.

A veces me han preguntado si era bueno irse solos de viaje o hacer el Camino de Santiago, o ese tipo de experiencias. Yo creo que, si uno siente que lo desea mucho, si uno tiene un fuerte deseo interior que le empuja a hacerlo, está bien. De lo contrario, es mucho mejor rodearse de personas y hacer actividades con gente que nos haga sentir bien, con la que nos guste estar (aunque de entrada no nos apetezca mucho). A juzgar por nuestras ganas, está claro que, en esos momentos, uno no haría absolutamente nada más que encerrarse a pensar, a llorar o a flagelarse. Pero está claro que esa no es una gran solución, ya que, además de no cambiar nada ni de mejorar nuestra situación, cada vez nos sentiremos peor.

Por ello, lo más recomendable es que nos esforcemos por salir, por aceptar las propuestas que nos hagan e ir incluso sin ganas, pero ir. Debemos tener en cuenta que cualquier persona que esté en una situación así no tiene ganas de participar en nada ni de reunirse con nadie, pero hemos comprobado la clara diferencia en el proceso de mejora de quienes se esfuerzan por socializar, aunque no tengan ganas, y de quienes eligen el camino fácil y se encierran, aislándose de los demás. Los primeros logran recuperarse con muchísima más rapidez que los que deciden no relacionarse y seguir lamiéndose sus propias heridas.

Después, cuando hayamos superado dicha pérdida y ya nos sintamos bien, es importante que nos permitamos el momento y el espacio necesarios para aprender a lidiar con la soledad y sanar la relación con nosotros mismos. Pero eso es algo que debemos hacer en este orden y nunca al revés.

Soledad por aislamiento

Tampoco es recomendable la soledad cuando estar solos se convierte en nuestro estado habitual. Somos seres sociales y necesitamos a los demás. Necesitamos relacionarnos e interactuar con otros seres humanos para mantener el equilibrio y la salud emocional, física y psíquica. No podemos aislarnos si no queremos enfermar gravemente, porque esto es lo que va a ocurrir.

Soledad por aislamiento elegido

Se trata de aquellos casos que han vivido una situación que les ha traumatizado en cierta medida y no se atreven a cruzarse con otras personas por vergüenza o miedo (al juicio, a las reacciones, etcétera); eso no implica que se trate de una situación traumática para cualquiera. Cuando somos víctimas de cualquier tipo de escándalo público, está comprobado que lo mejor es enfrentarnos al exterior lo antes posible. Cuanto antes normalicemos la situación y sigamos con nuestra vida, antes se olvidarán los demás de aquello que sucedió, mientras que si nos escondemos, les seguimos dando tema para que hablen de nosotros. Y de nuevo, cuanto más tiempo pasemos «escondidos», más nos costará enfrentarnos al momento de salir de nuevo al exterior.

En este tipo de procesos, tal vez tendremos que hacer un trabajo de perdón hacia nosotros mismos o hacia otras personas. Para esto sí que se requerirá de ciertos momentos de soledad, pero debe ser una soledad elegida, puntual y destinada exclusivamente a hacer este trabajo interior. Nunca debe ser un espacio cómodo en el que quedarnos instalados porque en esos casos las consecuencias serían muy dañinas.

Soledad por aislamiento social: los ancianos

El de las personas mayores es, sin duda, el caso más grave y preocupante en relación con la soledad. Hoy en día, la soledad que vive este colectivo se ha convertido en un problema de salud pública que afecta a 4,6 millones de personas en nuestro país. En el Reino Unido, conscientes de las consecuencias de este problema que se sabe que incide incluso en la mortalidad de la población, han creado un Ministerio de la Soledad, en el que la nueva secretaria de Estado trata de hacer frente a este grave y extendido problema. Allí, según los estudios, más de nueve millones de personas manifiestan sentirse solas y cientos de miles de ellas confiesan que no han hablado con nadie durante más de un año. Es una situación gravísima.

Las personas mayores sufren marginación y aislamiento, y su situación empeora cuando tienen problemas de movilidad y dependen de las visitas de los demás para poder hablar con alguien y mantener una conversación. A pesar de que el número de grupos de voluntarios ha ido creciendo a lo largo de los años, se necesita trabajar en un nivel mucho más profundo, actuando desde el Gobierno.

Cuando los voluntarios de ciertas fundaciones que se ocupan de las personas mayores las visitan, afirman siempre que lo que se encuentran es mucha tristeza, abandono y un gran deterioro físico. Suelen ser mujeres de más de ochenta años con problemas de movilidad, enfermedades mentales o cardiovasculares, pero también coinciden en que cada vez se encuentran con más personas que están recién jubiladas y que viven una dura soledad.

Desde hace ya algunos años sabemos que la soledad prolongada y forzada perjudica seriamente la salud. De hecho, en numerosos estudios se ha visto que las enfermedades como el mal de Alzheimer afectan mucho más a personas de determinada edad que están solas la mayor parte del tiempo, en comparación con aquellas que están rodeadas de familiares u otros seres queridos.

Es importante interactuar con las personas mayores, visitarlas a menudo o asegurarnos de que reciben visitas o acuden a reuniones con otras personas de la misma edad con frecuencia. Hablarán de sus cosas o simplemente escucharán a los demás, pero eso implicará un proceso mental que les beneficiará.

Un famoso estudio realizado en 2015 en Estados Unidos demostró que la soledad producida por el aislamiento social mata en el mundo a más personas que la obesidad. Otro estudio llevado a cabo en 2018 en el Reino Unido alertaba de que la soledad aumentaba un 30 por ciento el riesgo de padecer cardiopatías isquémicas o ictus, por lo que combatir la soledad por aislamiento social puede tener un papel muy importante para superar las dos principales causas de mortalidad en los países ricos. Por otro lado, está comprobado que las personas que se sienten solas y tienen capacidad para moverse acuden mucho más al médico, con lo que acaban sobrecargando el sistema sanitario y su situación sigue siendo la misma.

Por lo tanto, si bien es cierto que es importante llevarnos bien con la soledad y saber estar solos, ser conscientes del enorme y profundo manantial de paz, claridad y bienestar que puede aportarnos esa conexión con nuestro interior, hay que saber que el aislamiento social puede comportar problemas para muchos seres humanos. En ocasiones va de la mano de una soledad forzada o de una soledad que no llega en buen momento.

A *solas* es un libro centrado en mejorar la relación con nosotros mismos, que tiene el objetivo de ayudarnos a entender y comprender los enormes beneficios de aprender a conectar con nuestros espacios de soledad, muy sanadores y necesarios. Pero, aun así, veo necesario dejar muy claro que cuando hablo de soledad, no hablo en absoluto de aislamiento social. El aislamiento social prolongado siempre acabará teniendo consecuencias negativas para los seres humanos.

11

¿Y SI HACEMOS UN ANÁLISIS MÁS PROFUNDO?

Hasta aquí hemos hecho un análisis de la soledad muy racional, social y psicológico. Pero si te soy sincera, como ya habrás podido intuir en algunos párrafos, yo creo que no podemos hablar de soledad y quedarnos solo con esa parte. Sería como quedarnos con la superficie cuando debajo está lo más importante, la parte más imponente y, sin duda, determinante.

Siempre me ha atraído el tema de la soledad. Ha sido una mezcla entre atracción y miedo. Pero por cuestiones de la vida, al final la atracción acabó siendo más fuerte. Y es que, al fin y al cabo, hablar de soledad es hablar de uno mismo, hablar de ser, de estar, de sentir, de ver, de conectar, de intuir, haciéndolo todo en un plano más profundo. Son muchas las cosas que solo podemos hacer, vivir y experimentar si nos permitimos espacios de soledad.

Podemos encontrar espacios de paz dentro de nosotros para volver a ellos cuando lo necesitemos. Podemos tomar conciencia y comprender que todo y todos somos y estamos hechos de lo mismo, venimos de lo mismo y vamos a lo mismo, que nos pasan y vivimos situaciones que nos llevan siempre al lugar adecuado para que podamos crecer, evolucionar y aprender aquello que necesitemos. Da igual si creemos o no en otras vidas, en el karma o en la reencarnación, lo importante es ser capaces de entender la vida de manera que nos demos cuenta de que esta siempre está a nuestro favor.

Y no quiero que esto parezca psicología barata. Simplemente se trata de aprender una nueva forma de mirar el mundo y las circunstancias que se desarrollan a tu alrededor, porque si logras cambiar tu mirada, verás cosas nuevas que te dirán cosas diferentes y eso te abrirá otras puertas que antes ni siquiera intuías que estaban ahí. Y eso solo se puede lograr estando a solas contigo... sin más.

SEGUNDA PARTE:

MI ENCUENTRO CON LA SOLEDAD

12

A VECES, LA SOLEDAD...

A veces, la soledad te arrastra, te ahoga y te apresa...
A veces, te conecta a una tristeza errante y distinguida,
De esas que no dejan jamás indiferente a nadie...
De las que atrapan el tiempo y lo tiñen de ruido,
De esas que ya no sueñan con días soleados ni noches de risas y vino.

A veces, la soledad es oscura y vacía,
A veces es niebla, otras, otoño y puede que se cubra de llanto y hastío,
Pero también a veces, esa misma soledad se transforma, sus arrugas se alisan,
Y parece que ya no te ahoga por dentro,
Y parece que es más amiga y cercana y bonita...

A veces, la soledad es la luz que ilumina tu invierno a las seis,
Tus ideas se mezclan celosas, con las formas de un mañana atrayente
Creas nuevos mundos con sueños a medida,
Mides esos sueños que creas en tu mundo,
Cantas esas notas en el bucle de las diez...

Y decides cantarle a ella sin razones convenidas
Con el verano en la copa y un susurro en el andén.
Llegó para estar contigo, y ahora no quieres perderla,
Esa soledad discreta, elegante y dispar,
Esa soledad amiga, que vino solo para hacerte ganar.

Para escucharme y realizar la visualización con los ojos cerrados, visita <**www.silviacongost.com**> y accede gratuitamente al audio correspondiente (ver instrucciones en la página 15).

Si deseas leerla en otro momento, la tienes transcrita al final del libro.

Si miro atrás, soy consciente de que en mí siempre han convivido dos partes aparentemente opuestas que, sin embargo, han ido de la mano: una más trascendente o espiritual, y otra más terrenal y muy racional. En mi interior siempre han habitado ambas, a pesar de que, por haberme centrado en un tema como la dependencia emocional, tuve que utilizar y potenciar principalmente la parte racional. De no ser así, no hubiera podido ayudar a aquellas personas que sufrían en relaciones tóxicas. La claridad y la contundencia necesarias para transmitir un mensaje tan concreto relacionado con la dependencia había silenciado esa parte mía más sutil, así como también lo habían hecho algunas personas que tenía a mi alrededor.

Durante un tiempo me fue muy bien funcionando de aquel modo. Pero un día me di cuenta de que había dejado de sentir el equilibrio interior que yo siempre he priorizado, y la vida despertó en mí un profundo deseo de estar a solas.

Yo no era consciente de ello, pero con ese deseo, la vida me estaba empujando a conectar de nuevo con esa parte sutil. No sabía por qué, pero llegó un momento en el que simplemente deseaba la soledad, a pesar de no tener ni idea de que el regalo que contenía seguir ese impulso de la vida era que aflorara otra vez e parte que había silenciado y que tanto necesitaba expresarse.

Escribir este libro y todo lo que he vivido al escribirlo ha sido un viaje hacia mis propias entrañas. Y en esta segunda parte, mi principal deseo es mostrarte todo lo que descubrí, todo lo que la vida quiso mostrarme, o tal vez todo lo que yo de algún modo ya sabía y con mi propio proceso logré recordar.

A veces pienso que este libro lo he escrito para mí, y puede que así sea, pero te aseguro que nada me hace más feliz que compartir contigo aquello que solo se nos puede revelar desde nuestro más profundo silencio, conectados con nuestra verdadera esencia y estando a solas.

13

MI ENCUENTRO CON LA SOLEDAD

Para adentrarnos en esta segunda parte del libro, quiero que sepas que voy a basarme en mi propia historia con la soledad. Una historia que para mí ha sido absolutamente transformadora y reveladora. Aunque pareció llegar por sorpresa, en realidad yo la estaba buscando y persiguiendo desde hacía mucho tiempo.

La vida me regaló una experiencia que yo no esperaba. No fue ninguna tragedia ni nada excepcional, simplemente una serie de circunstancias que acabaron siendo un maravilloso regalo para mí. Y es cierto que he necesitado bastante tiempo para comprender bien todo lo que la vida quiso enseñarme con ello, a raíz de esos días en los que sentí la necesidad de alejarme de mi mundo y mi rutina.

Y es que, a veces, esas cosas ocurren. Es como si circuláramos por nuestros días, por los caminos que conocemos y nos gustan, y a nuestro paso, la vida nos fuera poniendo obstáculos, trampas, sorpresas, dificultades, comodines y premios. Como si de una partida de un juego de mesa se tratara y de nuestra conciencia como jugadores y de nuestra habilidad para ir avanzando casillas y resolviendo contratiempos dependiera la calidad de nuestro juego y el resultado de nuestra partida. De cómo juguemos, de las decisiones que tomemos y de la actitud que adoptemos ante cada nueva situación dependerán nuestra experiencia y el grado de bienestar y felicidad con que viviremos cada circunstancia.

Lo que encontrarás en esta segunda parte del libro es una síntesis del regalo que me hicieron aquellos días de aislamiento. En los siguientes capítulos, quiero compartir contigo todo lo que la vida me enseñó y me ha seguido enseñando desde esos días, a solas. Todo lo que logré ver y lo que, al fin, comprendí. Sin duda, hay una parte de mí que ya nunca más volverá a ser la misma. Enfrentarme a la soledad, entenderla e incluso amarla me ha permitido conocerme más y mejor, y entender la vida y la importancia que cada uno tenemos en ella, desde una profundidad mucho más verdadera.

Aunque en cierto modo fuera deseada, la soledad también me producía miedo. Sin embargo, enfrentarme a ella me ha permitido conectar con mi valentía, con mi inmensa fuerza y con mis ganas de desplegar aún más mis alas, de volar alto y de llegar allí donde me conduzcan mis impulsos, mis sueños y mis ganas.

Me di cuenta de que, sin saberlo, me había ido perdiendo a mí misma. No era una situación de crisis absoluta, pero sí que en cierto modo me había alejado de mí y eso me había hecho volverme gris y oscura, sin luz, sin brillo, sin sonrisa... Seguía con mi vida, hacía todo lo mejor posible, pero por dentro iba perdiendo color. Lo sentía, pero no sabía cómo salir de allí. Es cierto que había algo en mi interior que me empujaba a aislarme temporalmente, pero nunca era un buen momento.

Hasta que me enfrenté a la soledad. Hasta que fui expresamente a buscarla, con determinación y coraje, sin dejar que nada ni nadie me desviara de mi camino. Sabía que solo ella tenía las respuestas que yo necesitaba, sabía que solo con ella lograría ver de verdad lo que ocurría delante y dentro de mí. Y así fue. A solas. A solas conmigo. A solas para entender la soledad y conectar con ella. A solas para comprender la inmensidad de la vida y del amor. A solas para ser.

Quiero dejar muy claro que lo que comparto contigo a continuación es el resultado de todo lo que viví y reflexioné durante esa experiencia que solo duró unos días. Fueron simplemente unos días de aislamiento en la naturaleza que me transformaron y me permitieron abrir en mí una parte que intuía que estaba, pero que en realidad, hasta ese momento, había preferido no conocer.

Mi día a día tan activo y lleno de proyectos y nuevos retos hacía que nunca encontrara el momento para mirar hacia dentro, y sobre todo hacerlo de una forma diferente a la que hubiera imaginado. Yo siempre he sido muy consciente y he reflexionado sobre mí, sobre qué siento y qué necesito, pero esos días me permití ir más allá hasta el punto de cuestionarme el sentido de todo cuanto ocurre y nos rodea.

Digo esto porque no quisiera que alguien que lleva diez años sintiéndose solo o llevándose mal con la soledad crea que vengo a dar lecciones después de vivir mi experiencia de unos días. Solo pretendo compartir todo aquello que vi y descubrí a través de mi propio proceso estando a solas, porque estoy convencida de que una nueva forma de enfocar la vida y el miedo a la soledad nos puede ayudar a vivir de una manera muy distinta y, lo más importante, a no volver a sentirnos solos.

¡Mi apertura interna al fluir de la vida

Todo empezó un día de noviembre en el que decidí escapar a la montaña. A solas. Ya hacía tiempo que algo en mi interior me pedía soledad. Era difícil de describir y hasta ese momento no le había hecho mucho caso, porque, por lo general, siempre me gusta más estar acompañada. Pero llegó un momento en el que ese deseo de escapar era tan fuerte que ya no podía esconderlo. Y, casualidad o no, justo había empezado a escribir un nuevo libro (este que estás leyendo) y tenía claro que iba a ser precisamente sobre la soledad. Era perfecto: estar a solas para conectar y escribir sobre soledad.

Una amiga mía tiene una casita en la montaña, y, como sabe que la montaña me encanta, llevaba años diciéndome que me dejaba las llaves y que podía ir cuando quisiera. Yo, como siempre tengo un montón de cosas que hacer (viajes, conferencias y compromisos), lo había ido dejando. Pero esa vez, por algún motivo, sentí que finalmente había llegado el momento.

Decidí que esa misma noche iría a dormir a casa de mis padres, en el pueblo, para así recoger mi coche. Está guardado en su garaje porque yo, en Barcelona, no lo utilizo nunca. Al día siguiente me levanté a las seis de la mañana para empezar mi viaje de entre una hora y media y dos horas hasta el pueblecito en la montaña en el que estaría durante una semana.

Debo decir que ya nada más salir se encendieron dos luces de aviso en el coche, una sobre los filtros antipolución y otra que advertía de otra cosa que ya no recuerdo. Pero lo que sí sé es que pensé que el viaje tampoco era tan largo y que seguro que esas luces no eran un indicador de ningún problema grave. Estaba segura de que llegaría bien.

Encendí el reproductor de CD y empezaron a sonar unas canciones de salsa. De repente me di cuenta del tiempo que había pasado desde que acostumbraba a ir a bailar todos los fines de semana. Fue como si, en cuestión de un instante, conectara de nuevo conmigo. Fue como si, de repente, el tiempo frenético que había estado viviendo los últimos años se detuviera y algo me hiciera volver a mí, a una parte de mí que apenas recordaba.

Cuando llevaba una hora de camino, en una carretera de tres carriles que hay cuando empiezas a atravesar montañas, el coche se me frenó de repente, como si alguien me hubiera dado un golpe fuerte por detrás. Empecé a perder cada vez más velocidad, sin que yo pudiera hacer nada. Avanzaba cada vez más lento y justo en una curva se me paró por completo. Me asusté mucho por lo peligroso de haber quedado estacionada en una curva, y además porque por aquella carretera pasaban muchos camiones.

En mi línea habitual de conectar con la gratitud pensé: «Bueno, menos mal que estoy en el carril de la derecha». Dentro de lo malo, era la mejor situación. De todas maneras, no me di por vencida y traté de volver a ponerlo en marcha. Tras varios intentos lo conseguí y pude hacer que el coche avanzara unos pocos metros, justo hasta un arcén que había después de la curva. Y se volvió a parar, a escasos metros de la entrada de un túnel.

Ahí estaba yo. En medio de la nada, con el coche que no arrancaba y con mi plan de montaña a punto de irse al garete y convertirse en una mera ilusión de algo que me habría encantado experimentar.

Llamé a la compañía de seguros y les expliqué lo que me había pasado. No tenía claro el punto en el que estaba, por lo que les iba a costar encontrarme. Pero lo peor fue cuando me dijeron que no podían llevarme hasta el destino al que me dirigía, sino que me llevaban de vuelta a mi casa. Para mí fue como si alguien me clavara un cuchillo en el estómago, y toda mi mente dijo: «De ninguna manera. Eso no puede ser, tengo que llegar a ese pueblo como sea».

Después volvieron a preguntarme dónde estaba, y tras entrar en Google Maps, les dije el nombre de un pueblo que vi por la zona (que luego supe que no estaba nada cerca de mí), con lo que el chico de la compañía me dijo algo así como: «Ah, pues si está en ese pueblo, como queda justo a medio camino de su destino, sí que le vamos a enviar un taxi para que la lleve hasta allí, aunque luego no nos hacemos cargo de su regreso».

Casi me pongo a llorar de la emoción. ¡Lo iba a conseguir! Me informaron de que vendría una grúa para llevarse el coche y un taxi para llevarme a mí al destino, y así fue. Una hora más tarde (debido a lo mal que les orienté), me encontraron los dos.

El chico de la grúa me dijo que no me preocupara, que el coche seguramente no tenía nada grave, y me fui con el señor del taxi. Era un señor peculiar, pero se veía una persona maja. A los cinco minutos de haber arrancado, me preguntó si me importaba que recogiéramos a su pareja para que viniera con nosotros. Ya que íbamos a la montaña y era un día festivo, después de llevarme a mi destino, ellos aprovecharían y se quedarían allí a comer y pasar la tarde.

Yo, que siempre voy con prisas, ya estaba pensando que si no me hubiera pasado nada, a esas horas ya estaría en la casita escribiendo relajada. Pero traté de respirar hondo y dejarme llevar y le dije que, si no nos llevaba mucho tiempo, no me importaba que la recogiéramos.

Así lo hicimos. Antes de llegar adonde estaba ella, él me hizo un pequeño resumen de su vida amorosa (casualidad o no, ya que él no me conocía ni sabía a qué me dedicaba yo). Al final me habló de la historia actual que tenía con la mujer a la que pasábamos a buscar.

Finalmente llegamos donde estaba ella, y comprobé que también parecía una persona muy sencilla y transparente. Parecía que, ahora sí, podíamos seguir con nuestro viaje. Los tres.

No pasaron muchos kilómetros hasta que tuve que volver a conectar con la paciencia al ver que se nos había hecho tan tarde que las carreteras ya estaban llenas de coches. Eran unos días de puente. Por eso yo quería irme a las seis de la mañana, para no encontrar tráfico, pero con todo aquel percal ya eran casi las once de la mañana.

El taxista, que era de por allí, me dijo que no me preocupara, que aunque por la carretera normal los coches estaban completamente parados, él sabía todos los atajos de la zona. Así fue, y empezamos a pasar por carreteritas secundarias que no estaban saturadas de coches, pero sí de curvas. ¡Con lo fácil que me mareo yo en el coche! Aparte, yo veía que por mucho que el tiempo iba pasando, en el Google Maps siempre ponía que faltaba una hora y media.

Eso no se movía.

Yo me empezaba a poner nerviosa, aunque también es cierto que cuando conectaba con esa parte de mí, aparecía otra que me decía: «Sé agradecida, ¿te das cuenta de que este señor con su pareja te están llevando a tu destino?». Era cierto. Me podrían haber mandado de nuevo a casa y podría haberme quedado sin mi escapada en soledad, pero no, ahí estaba. Tal vez llegaría más tarde, pero estaba de camino, y eso era muy valioso. Al pensar eso, me relajaba y me sentía mejor.

Estuvimos hablando de su historia de pareja, y al ver yo algunas cosas que no me cuadraban porque la hacían sufrir a ella, les expliqué quién era y a qué me dedicaba. Ella enseguida se metió en las redes y en internet y me buscó, y entonces se abrió aún más.

Al final, aquel viaje fue toda una aventura, la verdad. Una aventura que acabó en una especie de terapia de pareja improvisada. De película. Fueron muy amables y afectuosos los dos. Y lo mejor de la historia, ¿sabes qué es? ¡Que finalmente llegamos! Llegamos después de muchas curvas, horas, kilómetros, paradas improvisadas para poner gasolina, para tomar un café, para ir al baño, en fin... Pero la cuestión es que llegamos.

Una vez descargados todos mis bultos, el taxista me insistía para que fuera a comer con ellos, pero menos mal que su mujer le dijo: «Venga va, ¿acaso no lo comprendes? Ha venido para estar sola y para escribir un libro sobre la soledad. Vamos a dejarla tranquila y que se relaje». Y menos mal. Yo ya no podía más y necesitaba encontrar, sin más demora, esa soledad que había ido a buscar.

Y así fue. Finalmente había llegado a mi destino soñado y deseado.

Mientras subía la escalera hasta la puerta del apartamento, sentí de nuevo un profundo agradecimiento. Estaba agradecida por todo, por esa pareja, por el viaje, por haber llegado, por tener las llaves de ese rinconcito en la montaña, por disponer de esos días para mí. También, mientras subía, me di cuenta de que mi madre, para que no pasara hambre, a pesar de saber que iba a estar allí una semana, me había llenado de comida con provisiones para un mes. Esas cosas maravillosas que solo hacen las madres. Y eso también acabó siendo un regalo de la vida porque me había dado cuenta de que ese apartamento estaba a media hora caminando del pueblo más cercano. Donde yo estaba no había ni una tiendecita, no se vendía ni una botella de agua. Nada. Solo había casas. Pero ahí estaba yo, con comida para dar y regalar, y sin necesidad de salir del apartamento si no quería.

Finalmente, abrí la puerta. Entré. Descargué todas las bolsas y, tras cerrar la puerta de nuevo, respiré muy profundo.

Ya estaba allí, sola, y tenía lo más importante: silencio. Con lo que amaba yo el silencio. Ese silencio tan vacío y estanco, pero tan lleno y envolvente a la vez. Me encantaba. Y justo en ese preciso instante, me sentí feliz.

A solas conmigo, pero feliz.

Fueron días de mucha paz y templanza que dediqué a escribir y a dejar que las cosas pasaran. Era como dejar que la vida se comunicara conmigo a través de mí. En ese momento no era consciente de todo lo que me estaba pasando, y no ha sido hasta pasados unos meses cuando realmente lo he comprendido todo.

Había decidido irme sola porque necesitaba alejarme, pensar, sentir y fluir sin que nadie me condicionara de ninguna manera.

Quería estar tranquila, levantarme cuando quisiera, comer a la hora que me apeteciera y disfrutar de mi tiempo. A solas.

Y eso fue justamente lo que hice. Disfruté muchísimo. Encendí el fuego y escribí páginas y páginas. Sin darme cuenta, escribía cosas que yo misma necesitaba para mí. Eso es algo que me ha pasado a menudo desde que inicié mi carrera como psicóloga, y estoy segura de que muchos profesionales se sentirán identificados conmigo. Lo de decirle a alguien justo aquello que necesitas decirte a ti mismo. Pues bien, al final, creo que escribía para mí. Reflexiones, poemas, historias, casos, etcétera. Una buena parte del material que allí creé y escribí esos días está en este libro. Otra parte no.

Pero la reflexión que creo que es importante es la que he hecho pasados unos meses de aquella aventura.

Yo tenía ganas de vivir esos días sola y, de alguna forma, podríamos decir que la vida me puso a prueba. El inicio de mi viaje pareció lleno de problemas. Empezaron a pasarme cosas, y era como que, en cierto modo, tenía que demostrar si realmente estaba motivada y dispuesta a seguir adelante con mi plan. Al fin y al cabo, cuando el coche se detuvo, habría sido muy fácil pedir que me llevaran de vuelta a casa, pero eso para mí no era una opción. Casi lloré con el chico de la compañía de seguros, suplicando que no me llevaran de vuelta.

No tiré la toalla. Me crucé con dos personas muy especiales. También hay otra anécdota divertida y curiosa con el conductor de la grúa, que acabó enviándome mensajes durante los días siguientes intentando un acercamiento. E incluso a eso le he encontrado una interpretación interesante.

Yo partía de una extrema determinación y convencimiento, sabía adónde quería llegar y por qué, y no estaba dispuesta a renunciar a mi objetivo. Y tras conseguirlo he ido comprendiendo todo lo que la vida quiso mostrarme durante esos días.

La soledad nunca me había gustado, pero en ese momento la perseguía porque sentía que la necesitaba y no quería perder la oportunidad que tenía, a pesar de las dificultades que surgieran. Incluso internamente traté de encontrar cierta paz en todo lo que se alejaba de mi plan inicial. Es como que por mi parte hubo una especie de rendición ante la vida (cosa que me cuesta muchísimo), y al rendirme, la vida orquestó mi llegada allí, sin necesidad de entrar en una crisis nerviosa con tanto contratiempo. Al contrario, me abrí y conecté con la gratitud. Sentí que de alguna forma había ayudado a aquella pareja aportándoles un poco de luz. Sentí que el gruista también tenía su función: tratar de distraerme de mi objetivo. Con sus mensajes, en una situación de soledad, muchas personas le hubieran seguido el juego, aunque no buscaran nada más allá de una simple distracción, pero no lo hice. Simplemente no le contesté más y lo corté, pero me hizo gracia la anécdota, me hizo gracia la vida con ese tipo de jugadas. Esas jugadas, al fin y al cabo, son como puertas. Cada puerta te conduce a un camino diferente.

Tú eres quien decide si abres la puerta
y la atraviesas o si la dejas cerrada
y te metes en otra. Y con cada decisión vas
determinando tu camino y tu destino.

A pesar de ese inicio, me di cuenta de que llegué al apartamento con paz, aunque era una paz muy diferente a la que sentía al salir esa mañana de mi casa.

14

LA SOLEDAD COMO VACÍO

La soledad es el inmenso vacío que sientes cuando la vida te despoja de todo aquello que alimenta tu alma, de aquello que da sentido a tus días, de aquello que te mueve y te empuja a desear cada nuevo despertar.

Así veía yo la soledad. Hasta que la entendí.

Siempre me ha gustado escribir poesía y prosa poética. Sabré más o sabré menos, pero siempre me ha gustado. O más que gustarme, diría que para mí ha sido siempre una necesidad. Como una terapia. Cuando me siento mal, cuando estoy triste, cuando tengo días grises, siento una profunda urgencia que nace de mis adentros y me empuja a ir a buscar el ordenador y escribir. Escribir, vaciar, sacar de dentro lo que sea que salga. Casi siempre salen cosas bonitas, pero también tristes. Bueno, a mí no me parecen exactamente tristes, pero así las ven los demás.

Frases como esta que inicia este capítulo son (o eran) habituales entre mis textos. Soy consciente de que muchas personas, cuando conectan con la soledad, conectan con lo que transmite esa frase. Pero debo decir que hace tiempo que ya no me identifico con ella. Ahora veo la soledad de una forma muy diferente, de una forma mucho más amplia y profunda, más bonita y atrayente.

Hoy sé que la soledad no la cura la compañía humana. La soledad la cura el contacto con la realidad. La compañía solo nos sirve de distracción. Hay un vacío dentro, ¿no es cierto? Y cuando el vacío sale a la superficie, ¿qué haces? Sales corriendo, enciendes el televisor o la radio, lees un libro, buscas compañía humana, buscas entretenimiento, buscas distracción. Todos lo hacemos. Y está bien, pero antes debes aprender a contactar contigo, con tu esencia, con la realidad. Con tu propia soledad.

El inicio del cambio

Allí estaba yo, entrando en el apartamento en la montaña, sabiendo que la apertura interna que había experimentado en esa aventura de viaje había creado un cambio en mí. Entré, cerré la puerta y, al quedarme dentro, más allá de la paz, sentí también una especie de vacío. No se trataba de un vacío hueco, no era que yo me sintiera vacía, sino que ese vacío me hacía percibir aquella estancia de otra manera. Sentí algo más. Era como que, de alguna forma, todo me arropaba. Y me dejé sentir. Y entonces sucedió. Ese vacío, en cierto modo, empezó a hablarme.

Es fácil sentir un profundo escalofrío cuando uno piensa en ese «vacío» inmenso y trascendente del que venimos y al que, tarde o temprano, regresamos. Ese vacío que habita en lo más profundo de cada uno, que forma parte innata de nuestro ser y que en cierto modo siempre está presente. Lo sentimos más o lo sentimos menos, pero siempre está ahí, tanto si nos atrevemos a mirarlo como si lo ignoramos porque nos asusta demasiado y no podemos lidiar con ese miedo atroz que nos produce no entenderlo ni haberlo conocido.

Hay quien conecta con ese vacío con más frecuencia o con más facilidad. También puede haber quien no lo soporte y trate de evitarlo con conductas que le distraigan o le alejen por un tiempo de sí mismo (con las drogas, la hiperactividad o el televisor).

Hagamos lo que hagamos, venimos de la nada y volvemos a ella. Pero ¿ese vacío es nada o es todo? ¿Está realmente vacío ese vacío? No lo creo.

Cuando uno es capaz de conectar con esa parte más interna y profunda de sí mismo, conecta también con toda la sabiduría que necesita.

Tanto la sabiduría que necesita para enfrentarse a una dificultad como la que necesita para lograr un objetivo. Cuando uno se deja llevar y consigue fluir en una situación determinada, confiando plenamente en esa sabiduría que alberga en su interior, entonces todo es perfecto.

Es en esos momentos cuando sentimos cómo la vida nos recorre por dentro, cómo nos llena. Como una suave caricia nos muestra el camino, nos indica la dirección adecuada. Y si confiamos en ella, siempre avanzaremos hacia donde debemos ir.

En realidad, ese vacío está lleno. Lleno de información con la que solo podemos conectar si nos adentramos en él. Solo si entramos en ese espacio de vacío, descubriremos la inmensidad del mismo, la plenitud que significa entrar en ti, dar la mano a la vida y darte cuenta de que todo es lo mismo. De que tú eres vida, igual que eres vacío e igual que lo son también las demás personas, plantas, animales y objetos a tu alrededor. Al conectar con ese vacío, puedes darte cuenta de que la vida que habita en ti es la misma que habita en todas las cosas y personas que ves y que se cruzan en tu camino. Todo y todos somos parte de lo mismo.

Solo al entrar en ese espacio de vacío, puedes ver que todo forma parte de la misma vida y que estamos en ella como una oportunidad para aprender, para vivirla, cada uno con unas cartas determinadas con las que podrá elegir cómo quiere jugar cada vez que le toque mover ficha.

Visualización de la lupa

Para escucharme y realizar la visualización con los ojos cerrados, visita <**www.silviacongost.com**> y accede gratuitamente al audio correspondiente (ver instrucciones en la página 15).

Si deseas leerla en otro momento, la tienes transcrita al final del libro.

Aprender a conectar y a relacionarnos con el vacío en el que habita la soledad, sin tenerle miedo, dándole la mano y, por supuesto, sin rechazarlo, es la clave. Sobre todo, si lo hacemos desde una confianza plena, verdadera y profunda en la vida, en toda la información que albergamos en nuestro interior (ya sea heredada o aprendida). Lo verdaderamente importante y lo que marca la diferencia es que cuando nos enfrentemos a ese vacío, seamos capaces de confiar. Confiar en nosotros y confiar en la propia vida, así como en ese mismo vacío que en realidad está lleno. De hecho, todo es lo mismo. El espacio que hay entre las estrellas es el mismo espacio que habita entre nuestras células.

Da vértigo sentirlo, pero cuando nos enfrentamos al vacío, nos damos cuenta de que, en realidad, el silencio que habita en él está lleno de toda la información que buscamos y que necesitamos en cada momento.

Tenemos todo lo que necesitamos, aunque a veces es necesario detenerse, quedarse en silencio y bucear en nuestro interior, desde una confianza plena, para encontrar eso que estamos buscando. Todo lo que necesitamos está ya en nosotros y solo lo encontraremos en el vacío en el que habita la soledad.

Solo podemos conectar y llegar al vacío desde ese espacio de introspección con uno mismo, estando a solas con nosotros mismos.

Y que conste que, mientras escribo esto, soy plenamente consciente de que hay vacíos que pueden llegar a ser muy dolorosos.

El caso de Paula

Paula era un ser maravilloso, una persona tan bonita que verla era ver luz. Hacía años había hecho sesiones con ella para salir de una relación muy tóxica y destructiva, y un día volvió a pedir una cita puntual porque sentía que necesitaba hablar conmigo. Me alegró saber que volvería a verla, pero también tenía miedo de que durante el tiempo que no supe nada de ella pudiera haber estado sufriendo más.

Cuando la vi entrar, seguía siendo ella, como siempre con esa luz tan grande, tan buena. Paula era todo amor.

Me explicó que después de acabar la relación con su expareja, por fin había logrado estar bien, tranquila y centrada en sus hijos. Se había mantenido en ese estado de bienestar durante los últimos años. Me contó también que hacía un tiempo había conocido a un chico con el que parecía que todo iba muy bien. Estaban muy enamorados y todo era maravilloso, pero después de tener relaciones sexuales, él empezó a distanciarse hasta desaparecer por completo de su vida.

Ella tuvo que trabajarse mucho la culpa al pensar que tal vez había hecho algo mal, que tal vez tenía que haberle puesto más barreras, que tal vez había ido demasiado rápido, que tal vez no era lo suficientemente buena para él o que tal vez había hecho alguna cosa mal. La cuestión es que un día él desapareció sin más. Ella, evidentemente, se quedó destrozada. Hay pocas situaciones que duelan más que el hecho de que sencillamente desaparezcan, que te abandonen sin más cuando estás en plena fase de enamoramiento, sin ninguna explicación. Es lo que llamamos el síndrome del corazón roto. Como si te quedaras allí, tirado en el suelo, desangrándote, y no pudieras hacer nada para evitarlo. Como si nadie pudiera hacer nada para evitarlo.

No obstante, a pesar del golpe, Paula, que es una de las mujeres más fuertes que he conocido, se recuperó. Con el tiempo él reapareció, pero ella me explicó que ya tuvo la fuerza y el valor suficiente para ni siquiera responderle.

Habían pasado seis o siete meses desde que se había recuperado de ese golpe, y un día, una amiga le dijo que tenía un amigo que quería conocerla. Se ve que habían coincidido en una fiesta de un amigo común y él se quedó con las ganas de hablar con ella.

Al principio, Paula tenía cierto recelo. No lo tenía claro y se resistió. Pero al final, hablando con la amiga, accedió a quedar con él una tarde. Al fin y al cabo, no perdía nada. Ella estaba sola y tan solo tenía que ir a tomar un café con él.

La cita fue maravillosa. Conectaron enseguida. Tenían muchas cosas en común y, debido al parecido de sus vidas, se explicaron y compartieron experiencias muy íntimas de su pasado, lo que les hizo sentir muy cerca el uno del otro en muy poco tiempo. Ese café duró cinco horas y quedaron en volverse a ver tan pronto como les fuera posible.

Así fue, y durante ese mes se vieron siempre que sus trabajos se lo permitían. Se iban conociendo más y ella se iba abriendo, poco a poco, ya que la experiencia anterior la había dejado bastante magullada emocionalmente. Compartieron cenas, tardes y noches. Hubo mucho cariño, respeto, ilusiones y proyectos futuros, hasta que un día él le dijo que por un imprevisto en el trabajo tenía que cancelar su cita de esa tarde. Ella lo entendió, aunque la entristeció porque esa era una cita muy especial para ella. Era su cumpleaños. Había preparado muchas cosas, se había comprado un vestido, y al final iba a pasarlo sola en su casa. Pero, aun así, trató de ponerse en su lugar y se mostró comprensiva en todo momento. Ella es así.

La cuestión es que al día siguiente le puso un par de excusas más, mezcladas con palabras de amor y cariño hacia ella. Siguió sin aparecer y ella decidió llamarle para hablar de lo que estaba ocurriendo. Era una persona muy comprensiva y ya le había dejado claro que si había algún problema, podía comentárselo, que si algo iba mal o no le gustaba, podían hablarlo, pero nada. Él ni siquiera tuvo la decencia de responder a su llamada para darle alguna explicación. Nada. Y ahí quedó Paula, esperando esa llamada de vuelta, ese mensaje, ese «algo» que la devolviera a la vida. Simplemente se quedó ahí, negando que aquello le pudiera estar pasando, negando que aquello pudiera ser real. Era imposible que no fuera real todo lo que habían vivido y compartido. No podía ser todo mentira, era imposible. Aquello no podía estar pasándole otra vez.

Pero sí, le estaba pasando lo mismo. Otra vez.

Y ahí estaba ella, sentada frente a mí, en la consulta, preguntándose y preguntándome por qué. Sin poder dar crédito alguno a lo que estaba viviendo.

Se había hecho muchas ilusiones, se había vuelto a abrir, había vuelto a confiar después del último desengaño y habían vuelto a traicionarla de la misma manera.

Es normal que cuando una persona vive una experiencia de ese tipo, sienta que su vida no vale la pena o le cueste encontrar motivos incluso para levantarse.

Pasamos del enamoramiento máximo, con todos los cambios químicos reales que este produce en nuestro cerebro, al vacío más absoluto, a la pena más honda, a la desesperación más desgarradora de quien abre su corazón humildemente y le arrebatan lo que más vida aporta a su vida.

Amar el vacío a pesar del sufrimiento

¿Se puede amar el vacío cuando se sufre? En realidad, sí se puede. Se puede volver a amar el vacío que acompaña la soledad porque en ese vacío es donde reside tu plenitud, tu esencia y tu sentido de ser, más allá de todo lo que ocurra a tu alrededor. Eres un ser que vive unas experiencias concretas y siente y experimenta unas emociones determinadas con cada experiencia, y de tu capacidad para aprender de ellas y trascenderlas dependerá que tardes más o menos en volver a conectar contigo y con tu fuente de sabiduría interior, la única que puede llevarte de nuevo a ti, a ese espacio de soledad íntima que te comunica con la quietud y la paz más verdadera.

Hay una frase muy conocida de Boris Cyrulnik que dice: «El dolor es inevitable, el sufrimiento es opcional». Es una idea muy interesante y con la que estoy de acuerdo en gran medida, en el sentido de que nosotros somos los que elegimos en cada momento cómo nos tomamos las cosas, cómo les hacemos frente y qué actitud adoptamos ante cada situación de la vida. Ahí está nuestra capacidad de resiliencia, esa que nos permite superar situaciones durísimas que a veces no esperamos y no desearíamos para nadie. Pero si somos realistas y honestos, por muy positivos que nos pongamos, sabemos que el sufrimiento no siempre es opcional, al menos de entrada. Así es como yo lo veo después de analizar miles de casos de personas que sufren pérdidas que para ellas son importantes. Al fin y al cabo, si lo pensamos, lo que realmente nos hace sufrir en la vida son justamente eso, las pérdidas. Sufrimos cuando sentimos que a partir de un momento determinado tendremos «menos» de algo, o cuando sentimos que «nunca» volveremos a tener algo a lo que hasta ahora nos habíamos acostumbrado o a alguien a quien nos habíamos apegado.

Yo creo que las pérdidas nos conectan de manera directa con el sufrimiento, por lo menos en nuestra cultura. Y de ahí conectamos también con la soledad. La soledad de ese vacío que deja la pérdida y la soledad de nuestros pensamientos ausentes de vida, de color y de luz, esa soledad que aparece temerosa pero contundente cuando tenemos que enfrentarnos a un cambio repentino e indeseado.

La pérdida está y es real. El sufrimiento se siente y también es verdadero; además, sin duda, nos condiciona e interfiere en ese momento. Pero la soledad puede ser distinta en función de cómo nos enfrentemos a ella, de cómo nos relacionemos con ella. Podemos hacerlo desde el amor y el respeto, con cariño, con mimo y con humildad, o podemos hacerlo con desdén y rechazo, con odio o rabia, desde esa fría y oscura postura que solo nos conduce a la autoflagelación y al propio martirio de un pesimismo enfermizo y dañino.

Quien pierde sufre. Quien cree que a partir de un determinado suceso ya nunca más volverá a sentir o vivir determinados sentimientos o situaciones sufre. Quien sabe que a partir de ese momento tendrá menos de eso a lo que está acostumbrado (dinero, trabajo, amor, ilusiones, amigos, fama, éxito, etcétera) sufre. El sufrimiento forma parte de ese duelo que tenemos que atravesar ante cada cambio que vivimos. Somos animales de costumbres que nos acomodamos en una zona de confort, y salir de ella requiere un proceso de adaptación, el denominado «proceso de duelo». Ya he hablado del duelo en la primera parte del libro, así que no voy a profundizar en ello, pero es cierto que el duelo es necesario y en él hay, en mayor o menor medida, un cierto grado de sufrimiento.

Por lo tanto, el sufrimiento existe y es normal. ¿Por qué entonces se dice que es opcional? Se considera opcional porque, dependiendo de la actitud que adoptemos ante una situación determinada, sufriremos más o menos. Además, si hacemos un trabajo interior profundo, incluso podemos llegar a evitarlo en algunos casos.

Ante un hecho muy duro de encajar, después de haber transitado por ese proceso de duelo, podemos quedar atrapados en el rol de víctima, agarrar simbólicamente nuestro látigo y empezar a darnos latigazos en la espalda. Es una forma de castigarnos y de hacernos daño sin ni siquiera ser conscientes de ello.

Debemos despertar y ser capaces de vernos desde fuera. ¿Qué es lo que generamos desde ahí? Una imagen sin duda nada agradable, nada atractiva y nada apetitosa. La imagen que damos es justo la opuesta. Generamos un sentimiento de rechazo en los demás. Eso nos llevará a quedarnos solos, pero lo peor es que lo viviremos desde ese abandono tan difícil de encajar.

Por duro que sea algo que hayamos vivido, a pesar de que de entrada podamos pasar por una fase de sufrimiento en la que incluso lleguemos a sentir dolor físico en el cuerpo y en el corazón, una vez visto, comprendido y pasado por el filtro de la conciencia, podemos elegir alejarnos del sufrimiento. Ahí sí que, una vez visto, el sufrimiento es opcional. Pero hay que transitar muchas veces por él para llegar a ese punto de conciencia en el que nos será posible decidir si seguimos con él o no.

Mientras escribo esto, estoy recordando una conversación que tuve con un señor que se sentaba a mi lado en un vuelo a Bilbao. Casi siempre que voy en tren o en avión llevo mis auriculares puestos y aprovecho para leer, escribir o repasar la conferencia que vaya a dar. En esa ocasión iba a presentar uno de mis libros y, casualidad o no, me dejé los auriculares en casa.

Yo iba en el asiento de la ventana y a mi lado se sentó un señor de mediana edad, de apariencia amable. De esas personas que sonríen y que hacen que enseguida te sientas cómodo hablando con ellas. Me preguntó a qué iba a Bilbao y tras explicarle un poco el tema de mi libro, me contó que a él lo que le apasionaba era la filosofía y que, de hecho, a menudo realizaba charlas sobre temas emocionales para niños.

Al cabo de un rato estábamos hablando justamente de la importancia de nuestra actitud frente a las cosas que nos ocurren. De la inevitabilidad de los cambios y del papel que tiene cómo nos posicionamos en el plano interno ante ellos. En función de la postura que adoptemos, nos dirigiremos hacia un rumbo determinado o iremos hacia otro totalmente diferente. De nosotros dependerá esta parte.

Me explicó que cuando habla de ese tema, a él le gusta mucho utilizar la metáfora del iceberg. Cuando un iceberg empieza a derretirse, no acostumbra a ser porque la temperatura exterior haya superado los cero grados, aunque en apariencia pudiera parecernos que este es el motivo más obvio, sino porque ha aumentado la temperatura de las corrientes internas. Al ser las aguas más cálidas, se produce el deshielo que se percibe en el exterior, pero la causa está en el interior, en lo que ocurre en esa parte del iceberg que nadie ve.

Estoy de acuerdo en que es una bonita forma de explicar lo que nos ocurre a las personas. A menudo, es aquello que ocurre en nuestro interior lo que nos lleva a una serie de consecuencias en el exterior. Lo que ven los demás en nosotros, cómo nos enfrentamos a aquello que nos sucede y no hemos elegido, o las decisiones que tomamos a cada paso son el resultado de una serie de procesos mentales y emocionales internos. Ante cada hecho, qué nos decimos y cómo nos sentimos con aquello que nos decimos nos llevará a acabar actuando de una forma determinada. Y eso, sin duda, también puede ayudarnos a no juzgar gratuitamente a los demás, o a ser más pacientes y compasivos con ellos, sabiendo que también se mueven de una forma u otra debido a sus «corrientes internas», a su mundo interior.

Estuve pensando un tiempo en su bonito ejemplo y en cómo nos afecta en el plano externo o en cómo vivimos la vida, el hecho de que no experimentemos correctamente nuestra conexión con el vacío interior, ese vacío que lo une todo y a todos porque está en todo y en todos. Si estás conectado con ese vacío, no puedes sentirte solo.

Al final, me di cuenta de que esa desconexión nos afecta en todo. El hecho de rechazar o de ignorar la idea de que el vacío está lleno, nos conecta directamente con el miedo, la angustia y la dependencia. Pero si logramos darle la vuelta a ese rechazo y abrimos nuestra mente, podremos modificar cómo nos sentimos por dentro, y puede que la punta de nuestro iceberg se mantenga fuerte y robusta y esté más preparada para sobrevivir, a pesar de las inclemencias y los golpes del tiempo y la vida.

Si te dejas llevar por las corrientes internas del victimismo, te arrastrarán hacia el papel de víctima, pero si recuperas el contacto con tu ser, con tu parte más profunda, esa que no puede ser alterada por lo externo, entonces recuperarás tu paz y te mantendrás emocionalmente sano y fuerte.

En definitiva, conectar con el vacío es conectar con la vida misma, porque la vida contiene ese vacío, y el vacío que habitamos está lleno de vida. Somos lo mismo, y espero y deseo que lo vayas comprendiendo a lo largo de este libro, igual que lo hice yo durante aquella travesía interna.

Cuando vives una situación de soledad no elegida y esta te conecta con el vacío, al principio sentirás sin duda un rechazo hacia él. No deseas el vacío. Quieres a esa persona y no estás dispuesto a aceptar ninguna otra opción que no sea estar con ella. Quieres estar en pareja y no aceptas que no encuentras a nadie con quien tener esa relación. Quieres una vida determinada y no aceptas el hecho de no tenerla. Quieres que tu familia te ame, o que esa persona en concreto te ame, y te fustigas porque ves su indiferencia hacia ti o incluso su rechazo. Y el hecho de no aceptar la realidad que te rodea no te ayuda. Con este rechazo no estás haciendo otra cosa que olvidar quién eres y dónde estás. Te sitúas dentro de tu cuerpo y de tu vida, pero te olvidas de que estás encima de un tablero con muchas casillas, con millones de posibilidades y opciones. En función de en qué casilla te pares (con quién te cruces; cómo está esa persona de salud, sus traumas, su genética, su carácter, tus miedos, etcétera), te estarás enfrentando a unos caminos u otros. Siempre es así con cada decisión que tomamos. Pocas cosas dependen de nosotros y están verdaderamente en nuestras manos, más allá de nuestras decisiones y la actitud que adoptemos frente a las sorpresas que nos depare cada casilla. Casi todo está en manos de la vida. Ella es quien decide, nos guste o no. Y en la vida está el vacío que dejan las pérdidas, igual que también estamos nosotros con nuestro propio vacío interior.

◇◇◇◇◇◇◇

El vacío es el espacio que lo contiene todo, y cada situación que vivimos, cada sorpresa o encrucijada que la vida pone en nuestro camino siempre está ahí para que aprendamos algo, para que avancemos en algo, para que trascendamos alguna limitación, algún miedo o algún patrón que nos dificulta el crecimiento.

◇◇◇◇◇◇◇

Si logramos conectar con ese vacío, sentir que en nuestro interior existe el mismo vacío que hay también en todo cuanto nos rodea, sentir que todo está conectado; si logramos darnos cuenta de que todos somos jugadores de la partida de la vida y que, dependiendo de las tiradas que esta decida hacer y de lo que nosotros decidamos hacer con ellas, pasaremos por unas experiencias u otras, entonces lo habremos comprendido. Pero eso solo puede entenderse desde una conciencia profunda de que formamos parte de ese todo que nos contiene y al que contenemos.

Le decía Rocky a su hijo en una de las películas de la saga: «No importa lo duro que la vida te golpee, importa que resistas y sigas avanzando. Debes continuar sin dejar de avanzar. Así es como se gana». Y así es como lo veo yo también. La vida nos da golpes a todos porque así es como nos da oportunidades, y no podría ser de otro modo. Oportunidades para crecer, para mejorar, para llegar a más, para trascender miedos, para superar limitaciones, para experimentar lo que deseemos. Y si lo piensas un poco, sin pasarlo mal o sin haber vivido ninguna experiencia dura, nos sería mucho más difícil empatizar, conectar con la compasión y encontrar la verdadera fuerza que habita en nuestro interior, la que nos mueve y nos hace avanzar y hacernos más grandes. Las personas más fuertes y conscientes, aquellas que han hecho un mayor crecimiento interior, acostumbran a ser las que más han sufrido y han sabido trascender ese sufrimiento de una forma significativa para ellas.

Y está claro que en el otro lado también están los que sufren y quedan atrapados en el papel de víctima para siempre. Aquellos que, cubiertos por su propia inconsciencia y su incapacidad de ver más allá de sí mismos, no aprenden nada, no logran entender nada y siguen eligiendo caminos de autodestrucción. Abanderados por las quejas, se autocompadecen sin llegar a encontrar nunca una verdadera paz y quietud interior.

Todos tenemos cabida en este juego de la vida. Todos los que nos rodean forman parte de nuestra misma partida. Cada uno con su función y con unas implicaciones. Nosotros decidimos con quién nos quedamos y de quién nos alejamos, adónde nos movemos y dónde nos quedamos, y cada decisión tomada abre nuevos caminos y unas consecuencias a las que deberemos hacer frente. Y así, todos, siempre...

◇◇◇◇◇◇◇

En nuestra partida, si estamos preparados, a veces la vida nos empuja hacia la soledad, como una manera de volver a encontrarnos con nosotros mismos.

◇◇◇◇◇◇◇

15

LA SOLEDAD Y LAS EMOCIONES

Uno de los objetivos de este libro es tratar de que llegues al fondo de tu persona, al ser que eres y que habitas. Pero es cierto que, a menudo, para llegar al ser debemos atravesar inevitablemente unas cuantas capas de ruido, unas cuantas capas de paisajes borrosos, de sabores amargos y verdades incómodas que hasta ese momento habíamos tratado de evitar.

Eso es justamente lo que me ocurrió a mí cuando me enfrenté a la soledad. Tras conectar con mi propio vacío interior y concebir la inmensidad de vida que contiene, me encontré con el ruido emocional. Con el ruido (a veces ensordecedor) que provocan determinadas emociones. Es un ruido que incluso a veces duele, nos inquieta, nos angustia y nos paraliza. Es un ruido que a veces puede generarnos la sensación de que nos desgarra por dentro. Pero lo que debemos tener en cuenta es que ese ruido está tratando de decirnos algo, de comunicarse con nosotros. Es un ruido que nos altera y nos sacude, para que así nos miremos cada vez en mayor profundidad, para que tratemos de analizar lo que estamos viviendo desde otras perspectivas, para que podamos desprendernos de todo lo innecesario que, sin saberlo, estamos cargando.

Y, a veces, retirarte en soledad es el único camino que te permite hacer este viaje hacia ti mismo, conectar con esos rincones oscuros, atreverte a mirarlos y dejar aflorar emociones que todos retenemos por dentro y que, de no soltarlas a tiempo, pueden llegar a dañarnos. Emociones como la ira, el miedo o la tristeza. No es que nos dañen porque sean malas (en realidad no hay emociones malas, todas ellas tienen una función), sino porque algunas veces se quedan atascadas en nuestro interior y permanecen allí demasiado tiempo, hasta que llega un punto en el que ya no sabemos qué hacer con ellas. Las hacemos tan nuestras que las incorporamos, las normalizamos, y si no son emociones útiles o necesarias para el proceso que estamos viviendo, podemos llegar a vivir esos momentos con auténtica desesperación. La ira nos puede llevar a enfermar si la retenemos demasiado. El miedo nos puede aislar de todo cuanto necesitamos para seguir creciendo y disfrutando de nuestros días. La tristeza nos puede llevar a unos límites en los que sintamos que hemos perdido la alegría y la ilusión para seguir viviendo; puede alejarnos de todo cuanto nos movía y nos aportaba luz y color hasta ese momento.

La ira

He visto a muchas personas atrapadas en la ira después de un divorcio complicado y doloroso. Cuando tu pareja te deja por otra persona y encima lo hace desde la ausencia total de sinceridad y sin el más mínimo atisbo de compasión, sin pensar en absoluto en qué es lo que más puede dolerte y sin hacer nada para tratar de evitar un poquito ese dolor que va a generarte esa pérdida indeseada, en esos casos es fácil que conectes con la ira.

Imagina que, además, tenéis hijos en común y ves que no se hace cargo de ellos por lo absorbido que se siente por el enamoramiento con esa otra mujer u hombre que le tiene en sus redes... Aún sientes más ira. Y aún más si encima habéis acordado una forma de funcionar con los niños, los dos tenéis trabajos y es importante encontrar una manera en la que todo fluya, pero ves que él o ella no cumple lo pactado, se lo toma a la ligera y sientes que abusa de ti y de tu buena fe (probablemente llegues a la conclusión de que tú lo acabas haciendo todo por tus hijos, porque si el otro progenitor pasa de todo, ellos no tienen la culpa). Y así vas cediendo, cada vez más, y con ello vas generando cada vez más ira. La otra persona no cambia, sigue igual, y encima te enteras de que vive como un adolescente. No te pasa el dinero que habéis acordado, no se queda a vuestros hijos cuando le tocan, pero te cuentan que se va de viaje aquí y allá, que le ven en restaurantes caros, saliendo de noche, en fiestas y eventos, que ahora se cuida más que nunca... Aún más ira.

Y poco a poco, sin darte cuenta, la ira va ocupando cada vez más espacio en tu interior. Y encima, por si todo esto fuera poco, te ves a ti solo o sola. No tienes tiempo para conocer a nadie ni sabrías por dónde empezar. Y como no estás bien, te das cuenta de que has envejecido; te ves peor, notas que el cansancio hace mella en ti. Y todo «por su culpa». Aún más ira.

En estos casos, la ira, a pesar de ser una emoción que tiene una función (ayudarnos a poner límites y no dejar que abusen de nosotros), es muy dañina. A menudo no imaginamos hasta qué punto puede llegar a serlo. Sobre todo, porque nos puede llevar a sufrir ansiedad, debido a la angustia que nos provoca ir focalizándonos cada vez más en todo lo que hace o deja de hacer la otra persona. Además, tenemos la necesidad de buscar aliados, otras personas que nos den la razón, que nos confirmen lo mal que lo está haciendo el otro, y para conseguirlo, explicamos una y otra vez a aquellos con quienes nos cruzamos lo que ha hecho en esta ocasión. «¿Te puedes creer que ayer lo vieron...?», «Es que no salgo de mi indignación», etcétera. Con este tipo de conductas y actitudes no vamos nada bien ni llegamos a buen puerto. Justo lo contrario: alimentamos aún más nuestra ira, y al ir dando vueltas y más vueltas a lo que la provoca, esta no deja de aumentar y de generarnos más malestar si cabe. Es un auténtico sinvivir y debemos detenerlo lo antes posible.

Si no cambiamos, al final, los que acaban sufriendo las peores consecuencias son nuestros hijos, porque esa acumulación de ira nos hará mucho más irascibles y tendremos muy poca paciencia con ellos. Puede que tengamos conductas o reacciones de las que después nos arrepentiremos.

He puesto el ejemplo de un divorcio porque es una situación muy frecuente. Sin duda, sentirnos obligados a enfrentarnos a la soledad porque la otra persona nos ha arrojado a ese precipicio tan temido nos produce ira. Pero debemos darnos cuenta de que nos ha regalado algo de incalculable valor. Nos ha dado la oportunidad de aprender a lidiar con ello, de perderle el miedo y de ver que todo cambia al atravesar esa ira, que no es más que una consecuencia de cómo interpretamos esa situación. Si desde la propia soledad que tanto tememos tratamos de ahondar en esos sentimientos de ira y comprobar que son producto de todo aquello que nos decimos, de aquello que nos repetimos una y otra vez, de aquello que le repetimos constantemente a cada persona que nos pregunta cómo estamos, sentiremos una liberación indescriptible.

Es uno mismo quien se activa el botón de la ira. Si tú ves a tu expareja como una persona que no da más de sí, que no es capaz de verse desde fuera, que no tiene la suficiente conciencia como para ver las consecuencias que su conducta inmadura tiene en sus hijos, si eres capaz de asumir que lo que ocurre es que elegiste mal (porque en ese momento no supiste hacerlo mejor) y que es una persona a la que no admiras y que ni siquiera te gusta, probablemente esa ira se transformará. Es posible que si revisas tu relación, te des cuenta de que tampoco era tan bonita como tú querías creer y que ese final era inevitable. Tal vez así, esa ira se transforme en otra emoción; tal vez aparezca la tristeza.

Visualización de la ira

Para escucharme y realizar la visualización con los ojos cerrados, visita <**www.silviacongost.com**> y accede gratuitamente al audio correspondiente (ver instrucciones en la página 15).

Si deseas leerla en otro momento, la tienes transcrita al final del libro.

La tristeza

La tristeza es una emoción con la que conectamos cuando hemos perdido algo. Está muy vinculada con la pérdida: la pérdida de tus ilusiones, la pérdida de un motivo que te haga sentir que vale la pena levantarte cada mañana; la pérdida de una pareja, de un familiar, de un puesto de trabajo, de una cantidad de dinero. También aceptar que tu familia no te quiere. Perder nos lleva a encogernos, a encerrarnos, a recluirnos en nosotros mismos. Es como una forma de no tener que enfrentarnos a los demás, una forma de aislarnos para que nadie nos vea.

De entrada, en función del proceso que estemos viviendo, la tristeza es una emoción necesaria y está bien, pero no podemos quedar atrapados en ella más tiempo del necesario, igual que ocurre con la ira. Si nos quedamos en ese estado, nos puede conducir a la depresión.

Es cierto que, a menudo, el hecho de enfrentarnos a la soledad puede hacer que aflore en nosotros una tristeza desconocida y poco amable. Una tristeza que nos duela incluso en el plano físico y que nos haga sentir tan mal que nos lleve a querer evitar esa soledad a toda costa. Pero claro, esa no es la solución para evitar el dolor, como ya imaginas, sino justo lo contrario. Como siempre, solo superamos esas dificultades enfrentándonos a ellas. Por este motivo, ser capaces de vislumbrar la cara amable de la tristeza es lo que nos llevará directos al crecimiento y a la mejora.

Igual que debemos aprender a abrazar la soledad, hay que aprender a abrazar la tristeza, como si de un niño pequeño asustado se tratara.

Hay que hablar con ella, ayudarla a que entienda qué son las pérdidas y a saber que ese sufrimiento y ese malestar que provocan no son más que el fruto de cómo estamos interpretando esa situación, de aquello que nos decimos a nosotros mismos sobre la situación en la que nos encontramos. Es importante que tengamos la capacidad de decidir cómo queremos explicarnos lo que está ocurriendo y desde qué perspectiva nos sentimos más cómodos y alcanzamos un mayor bienestar. Cuando estamos mal y nos sentimos poseídos por la tristeza más asfixiante, hay algo en nosotros que nos conduce a buscar más de ello, a retorcernos aún más en el dolor que nos provoca esa tristeza. Es como que nos apetece, aunque no nos siente nada bien. Igual que cuando alguien siente rabia y busca aliados con quienes dar rienda suelta a su ira y obtener su aprobación. Nos desahogamos, pero luego estamos peor. Con la tristeza pasa igual. Aunque nos apetezca retorcernos, llorar desoladamente y gritar, decirle al mundo que nada tiene sentido y que nuestra vida ha perdido su razón de ser, no podemos quedarnos ahí anclados. Después de ese desahogo, que de entrada es positivo, hay que recomponerse y volver a ponerse en pie. De no hacerlo, corremos el riesgo de quedar atrapados en el papel de víctima que solo se dedica a lamentarse y quejarse por unas heridas que, más que para hacernos sufrir, están ahí para hacernos más fuertes.

Aprender a acercarnos y tratar con amor a la tristeza que aparece en muchos momentos de soledad, dándole su espacio, pero dejándole claro que no puede instalarse de forma permanente, nos permitirá recuperar el timón de nuestra vida y poner de nuevo las coordenadas correctas de regreso a nosotros mismos.

Visualización de la tristeza
Para escucharme y realizar la visualización con los ojos cerrados, visita <**www.silviacongost.com**> y accede gratuitamente al audio correspondiente (ver instrucciones en la página 15).

Si deseas leerla en otro momento, la tienes transcrita al final del libro.

El miedo

Algunas personas, en ese viaje interior de conexión con su soledad, conectan con la temida emoción del miedo. El miedo también nos hace bien y nos ayuda, pero al igual que la ira o la tristeza, no puede quedarse en nuestro interior más tiempo del necesario, igual que no es bueno que trate de imponerse cuando no existe ningún peligro. Si se instaura en nosotros, lejos de protegernos de algún mal que nos esté amenazando, lo que ocurre es que nos bloquea y nos limita. Impide y entorpece nuestro crecimiento, nuestra mejora, nuestros cambios positivos. Superar un miedo implica, sin duda, crecer y hacerte más fuerte. Es maravilloso sentir que lo has trascendido, que antes te frenaba y ahora avanzas hacia él con valentía y con la seguridad que nace de creer en ti.

Pero es cierto que, a veces, llegar a ese punto cuesta y puede convertirse en un proceso complejo. Ahora bien, que pueda convertirse en un proceso complejo no significa para nada que en realidad lo sea. En absoluto.

◇◇◇◇◇◇◇

Cuando la soledad nos produce miedo, es porque nos sentimos aislados, solos, perdidos, desvinculados, apartados, y eso sucede cuando olvidamos que todos formamos parte de lo mismo.

◇◇◇◇◇◇◇

Esos sentimientos con los que conectas cuando te sientes solo son sentimientos que ya han sentido infinidad de personas, son sentimientos que están ahí para ser sentidos, que forman parte de la vida y que nos enseñan cosas. Todo cuanto nos ocurre y todo lo que vivimos o sentimos se da para que podamos aprender y crecer.

Es normal sentir miedo al llegar a la conclusión de que estamos solos, ya que esta emoción nos aleja de nuestra esencia y de nuestra verdad. Pero la realidad es que no estamos solos, sino que tenemos a muchas personas a nuestro alrededor, aunque tal vez lo que debamos hacer es ir a buscarlas. Nuestros espacios de soledad deben ayudarnos a descubrir de dónde proviene nuestro miedo. Deben permitirnos ver si es aprendido o si es una consecuencia de experiencias que dejaron ciertas huellas en nuestra piel. En cualquier caso, tenemos que aprovechar esos espacios de soledad para conectar de nuevo con nuestro ser, con nuestra esencia.

Si nos atrevemos a penetrar en el miedo, si ahondamos en él, hay un espacio en el que no queda lugar para ninguna emoción, ni para el dolor ni para el sufrimiento. Y es allí, justamente, donde reside tu esencia más pura, donde simplemente eres, sin más, sin dolor, sin sufrimiento, sin emociones. Ese es el ser en su máxima expresión, el ser que está conectado con la vida y con los demás. Desde esa parte interna que habita en ti puedes darte cuenta de que todo cuanto sientes es una consecuencia de ti mismo, de tus enfoques y de tus decisiones. Y eso es muy liberador porque cuando uno toma conciencia de que es el causante de aquello que siente en su interior, se da cuenta de que tiene el poder y la capacidad de cambiarlo, de cambiar de enfoque y de cambiar de acción, y con ello se adentra en caminos nuevos, diferentes y llenos de sorpresas. Así, adentrándonos en las entrañas de nuestro propio miedo, podremos encontrar la seguridad más reconfortante.

Cuando logramos trascender las barreras del miedo, logramos ver el regalo que este contiene.

Visualización del miedo

Para escucharme y realizar la visualización con los ojos cerrados, visita <**www.silviacongost.com**> y accede gratuitamente al audio correspondiente (ver instrucciones en la página 15).

Si deseas leerla en otro momento, la tienes transcrita al final del libro.

El caso de Javier

Recuerdo el caso de un paciente que un día comprendió que la soledad era un momento muy valioso para conectar con el placer, el disfrute, el cuidarse, el mimarse, el conocerse, el pensarse... acciones muy básicas, pero que no tenía tiempo de hacer en su frenético día a día. Era un chico muy emprendedor, pero iba de una cosa a otra porque le aterraba parar y detenerse. Tenía miedo de que si paraba o bajaba el ritmo, todo se atascaría, habría problemas y su negocio se vendría abajo.

Por ello, le costaba mucho delegar y confiar en los demás. Pero, claro, al no delegar, se cargaba cada vez con más temas y su tiempo se agotaba cada vez con mayor rapidez. Se sentía muy cansado, más negativo, más vacío, y sus ojos iban perdiendo el brillo que antes tenían. Su trabajo ya no le apasionaba igual. Seguía dándolo todo, pero por una inercia ya incómoda a la que se había acostumbrado.

Un día ocurrió lo que él menos hubiera imaginado. Tenía una tos muy rara que no le desaparecía. Al final, después de que su familia le insistiera tanto, decidió consultarlo con un amigo suyo que era médico en un hospital. Le derivó a un experto en temas respiratorios, y tras varias pruebas le confirmaron que podía ser un tumor. Finalmente, se confirmó. Tenía cáncer y debían operarlo de inmediato. Al final, después de varias intervenciones y complicaciones, se vio obligado a detenerse. Por mucho que quisiera, con los tratamientos no podía trabajar. Muchos días no se encontraba bien y ni siquiera podía levantarse de la cama.

Antes de aquella experiencia, él jamás hubiera creído que su empresa pudiera seguir adelante sin estar presente. Pero la vida le obligó a enfrentarse a esa creencia limitante que había alimentado, sin darse cuenta, con pasión.

A pesar de la profunda inseguridad que esto le provocaba, empezó a delegar responsabilidades que creía que solo él podía asumir a otras personas de su equipo, y los resultados fueron increíbles y sorprendentemente buenos. No podía creerlo.

Al final, a Javier no le quedó otra que dejarse llevar por la vida, y así aprendió a aceptar que aquello era lo que debía ser y que debía ser de esa forma, que estaba bien así. Que era bueno para él y para los demás. No era una situación que él jamás hubiera elegido voluntariamente, pero se dio cuenta de que hay muchas situaciones que no podemos elegir, que simplemente nos vienen dadas, y que debemos aprender a fluir con ellas, a fluir con la vida, y no resistirnos para evitar dañarnos más de lo necesario. Me explicaba que fue justamente al tomar conciencia de aquello cuando recordó las charlas que habíamos tenido en la consulta sobre la gratitud.

Si somos capaces de conectar con la esencia de la vida, de darnos cuenta de que todos somos parte de lo mismo, de que todos venimos y vamos hacia lo mismo, todo se vuelve más liviano, menos pesado, más agradable. Y entonces nos es más fácil poner el foco en la gratitud. Y nos damos cuenta de que la gratitud siempre nos da, nunca nos quita. Siempre nos suma, siempre nos mejora, nos revitaliza, nos fortalece. Porque solo si damos, podremos recibir, y nos sentiremos así en equilibrio con la vida. La vida, igual que nuestro propio cuerpo, siempre busca la homeostasis, el equilibrio entre todos sus órganos y componentes.

Y está claro que no es tarea fácil sentir gratitud cuando nos vemos obligados a vivir una soledad que no deseamos, ya sea porque sentimos que nuestro entorno más próximo no comprende lo que sentimos o vivimos, o porque esa soledad nos recuerda la pérdida de alguien con quien querríamos estar, o porque es una soledad en la que estamos desde hace demasiado tiempo y vivimos atrapados en el continuo deseo de salir de ella a través de una nueva relación que no aparece. Pero a pesar de no ser fácil, sí que es posible, y aquí justamente está la magia y el aprendizaje.

¿Qué me está tratando de enseñar la vida?

Ante cualquier situación que vivamos, deberíamos hacernos siempre una pregunta: ¿Qué me está tratando de enseñar la vida?

Es posible que si me hago esta pregunta, me sea más fácil aprender lo necesario de cada situación. Y no olvidemos que cuando hay aprendizaje, hay cambio; cuando aprendes algo, cambias. Y cuando hay cambio en nosotros, ya no volvemos a actuar igual en una situación similar, porque ya no somos los mismos y lo vemos venir.

Por lo tanto, ante una situación de soledad que vivamos, si somos capaces de dar respuesta a la pregunta de *qué me está tratando de enseñar la vida*, quizá con el tiempo también seamos capaces de dar gracias a la vida porque lograremos comprender qué nos aportó.

A veces la enseñanza más básica que podemos extraer de experiencias muy duras es la de descubrir lo fuertes que somos. Podemos darnos cuenta de nuestra capacidad de remontar, de reponernos, de resistir y de volver a buscar la luz que ilumine nuestros días.

Está claro que habrá personas que ante una situación muy dramática dirán que no son capaces de darle las gracias a nadie, y mucho menos a la vida (y en función de la vivencia que hayan experimentado, deben permitirse sentir el dolor durante unos días). Sin embargo, si esa actitud se alarga demasiado, no hará más que perjudicarles porque con el tiempo se volverán cada vez más grises y sin capacidad de disfrutar ni de ilusionarse de verdad. Hay muchos ejemplos de personas que han vivido situaciones terribles y se muestran, a pesar de ello, compasivas, agradecidas y abiertas de nuevo a la vida.

Cuando logramos ver desde la gratitud, esa experiencia nos hace más grandes, más fuertes y más serenos. Y ese es un proceso que solo puede vivir uno mismo, conectando con ese espacio de soledad más íntima desde el que te habla el propio silencio, mientras que el ruido que te estremecía se hace a un lado, con respeto, para dejarte avanzar.

16

UNA NUEVA AUTOESTIMA

La verdadera conexión con el ser

Llevaba ya tres días en el apartamento de la montaña, sumergida en un proceso interno de reflexión, inmersa en ese curioso viaje hacia el interior de mi propia existencia. Por fin había logrado trascender el vértigo inicial y su ruido posterior, y decidí salir a correr por la zona, aunque confieso que no es una actividad que me guste. Normalmente practico *spinning*, y en aquel momento lo echaba de menos, pero cuando viajo, correr me parece una buena alternativa para hacer deporte. Me encontraba en un pueblo residencial de tres calles (si es que a aquello se le podía llamar «pueblo»), y luego había una carreterita que te conducía al pueblo más cercano.

Me puse las zapatillas y no me lo pensé demasiado. A pesar de ser invierno, hacía mucho sol, por lo que intuía que sería una buena experiencia.

Seguí un caminito que discurría por la parte de atrás del apartamento y fui avanzando entre campos y montañas. Era un paisaje verdaderamente inspirador. Trataba de poner conciencia mientras inhalaba ese aire fresco y puro, imaginando que llenaba de salud mis pulmones. Solo paré para hacer un par de fotos.

Después de treinta y cinco minutos decidí volver. Vi otra urbanización que no quedaba muy lejos y sentí el impulso interno de pasar por allí. No sé bien por qué. Tal vez tantos días sin hablar me llevaron a intuir que, dado que donde yo estaba no había absolutamente nadie, a lo mejor allí podría encontrar alguna vida humana. Pero no fue así.

Llegué a la conclusión de que era temporada baja y, como aquello parecían ser segundas residencias, no había gente por allí en ese momento.

Fui volviendo hacia el apartamento y cuando estaba a dos calles, me paré en una fuente, porque con tanta vuelta había acabado con el corazón en la boca. Y justo ahí, como por arte de magia, apareció una anciana acompañada por una mujer más joven que cuidaba de ella (o eso me pareció). La anciana caminaba con mucha dificultad, con un bastón en una mano y agarrada por la chica de la otra mano.

Las saludé mientras bebía y la señora mayor me sonrió de una forma muy cariñosa y especial que no podría describir. De esas sonrisas y de esas miradas que hacen que enseguida te sientas bien a su lado (lo mismo que había sentido con el señor del vuelo a Bilbao). Tras sonreírme, se detuvo y se quedaron mirándome las dos.

—¿Cómo ha ido el ejercicio? —me preguntó la mujer mayor.

—Bien, muy bien. ¡Gracias! La verdad es que en esta zona es imposible no estar bien. La naturaleza, las montañas, el silencio...

—¡Mucho silencio! —me dijo ella—. Tal vez demasiado. ¿Has venido sola? ¿No se aburre alguien tan joven aquí estos días?

Le expliqué que había venido precisamente a estar sola, que sin saber muy bien por qué, lo necesitaba, y que me iba fenomenal porque justo estaba escribiendo un libro sobre la soledad.

Entonces la mujer sonrió de nuevo y se sentó en el borde de la fuente; su acompañante la imitó. Alzó la mirada hacia lo alto de las montañas y empezó a hablar:

—A mí nunca me ha gustado estar sola, aunque debo admitir que ha sido estando sola cuando más he logrado comprender. No podemos comprender la vida ni estar bien con los demás si no sabemos estar solos.

Me explicó que ella era consciente de que, para los demás, había sido una mujer muy peculiar. Había sufrido abusos de pequeña por parte de un tío y había crecido en unas circunstancias familiares muy duras (su madre no la quería, la insultaba a diario, la maltrataba y la castigaba sin comer por cualquier tontería). Luego se casó con un hombre supuestamente maravilloso (lo único era que le gustaba mucho beber... así lo expresó), pero murió por un problema en el hígado cuando sus tres hijos tenían menos de ocho años. No había sido fácil, admitió, pero ella siempre había tenido claro que la vida era un regalo que se nos da. Me explicó que trataba de repetirles una y otra vez a sus hijos que los seres humanos somos unos privilegiados porque hemos sido premiados con la posibilidad de vivir, y lo único que debemos hacer es tratar de comprender la vida.

Según ella, si lo logramos, la vida nos regala mucho más. Me explicaba que ella siempre trataba de estar alegre y que no se quejaba porque, honestamente, se daba cuenta de que a su alrededor todo el mundo la quería. Había tratado de dejar atrás todo lo duro, de no quedarse lloriqueando por los rincones y seguir adelante. Tenía tres personitas a su cargo y siempre vio esto como uno de los muchos regalos que sentía que la vida le había ofrecido. Trató de darles un hogar en el que reinara el amor, la unión y la aceptación.

Yo la escuchaba con los ojos como platos. De vez en cuando le iba haciendo alguna pregunta sobre ella y sobre cómo experimentaba su vida. Me parecía fascinante su forma de pensar, sobre todo teniendo en cuenta que era de otra generación y de otra época. Fue realmente inspirador que me hiciera ese regalo inesperado.

De pronto recordé el impulso previo que tuve de pasar por aquella otra urbanización. Había llegado a pensar que mi intuición había fallado, pero ahora entendía que no. Precisamente aquel impulso me había llevado el tiempo justo para coincidir en aquella fuente con aquella mujer y recibir el mensaje que tenía para compartir conmigo. De nuevo tomé conciencia del orden perfecto de la vida cuando la dejamos fluir.

No sé cuánto rato estuvimos allí hablando, pero hubo un momento en el que la chica que la acompañaba le dijo que tenían que volver a casa, que tenía que tomar su medicación. Entonces ella me sonrió de nuevo y me dio las gracias por escucharla.

—Bueno, bonita, pues ¡muchas gracias por escucharme este ratito! Y ¡gracias también a las más de diez pastillas diarias que me tomo! ¡Sin ellas no podría tener estos regalos tan especiales!

¡Encima me daba las gracias! Era yo quien no podía estarle más agradecida.

—Muchísimas gracias a usted. Me ha encantado hablar este ratito y todo lo que me ha contado. Ha sido un verdadero placer.

Sin duda lo había sido. Caminé hasta el apartamento lentamente, tratando de digerir todo lo que me había explicado de su vida y de cómo había decidido sobrevolar cada golpe inesperado, por duro que fuera. Me di cuenta de que esa mujer era muy sabia.

Y de repente lo vi claro. Ella lo sabía. Ella ya lo había descubierto, lo había comprendido, y trataba de enseñárselo a sus hijos, quienes, conscientes o no, se fueron empapando de sus palabras. Ella era capaz de valorar la vida más allá del cuerpo y de lo que a este le sucediera. Por eso fue feliz. A pesar de todas las desgracias y tormentas que tuvo que soportar, era como si estuviera por encima de todo. Como si pudiera observarlo desde fuera, sin que le afectara como le hubiera afectado a la mayoría de la gente.

Y entonces lo comprendí. Fue como si durante aquella conversación tratara de enseñarme también a mí lo que ella sabía. Comprendí que todos tenemos un cuerpo, pero que, en un plano mucho más profundo, independientemente de este cuerpo, de su aspecto físico y de los logros que alcancemos con él, está el ser.

Conectar con el ser es darnos cuenta de que los seres humanos somos como construcciones efímeras que la vida ha creado para que se exprese ese ser. Yo, como Silvia, puedo creer que soy un cuerpo femenino, con una sensibilidad concreta, con una edad concreta, con unas tendencias genéticas y familiares concretas, y llego a creerme que soy solo esto, cuando esto, la materia, es simplemente una construcción creada para que se exprese el ser.

Cuando uno es consciente de esto, simplemente se rinde a ser. Se abre y deja espacio en su interior para que ese ser fluya. Y así sucede. Empiezas a funcionar y a ser tú mismo desde tu verdadera esencia, más allá de todos los condicionamientos internos y externos.

Cuando conectas con el ser, empiezas a vivir tu vida de una forma diferente, la comprendes desde una conciencia más plena y no desde la inconsciencia, como habías hecho hasta ahora.

En el momento en que te concibes así, de repente, te vuelves humilde. Aceptas las jugadas que la vida decide para ti y observas cómo esta se va expresando a través de ti y de los demás. Y al verlo desde esa conciencia y con tanta claridad, te sientes mucho más sereno y tranquilo.

Y puedes observar todo esto desde esa conciencia de ser. Es fascinante ver cómo la vida se expresa a través de cada persona.

Y a partir de esa conciencia, todo cambia. En mi caso, con cada cosa que me ocurre, con cada situación que vivo, con cada persona con la que me cruzo, ya no me quedo simplemente con la persona o con el hecho en sí, sino que tengo claro que hay algo mucho más profundo una vez se trascienden los sentimientos y la experiencia.

Al llegar al apartamento, no podía dejar de escribir. Observaba todo cuanto me rodeaba de otra forma, con otra mirada. Sí, era eso. Mi mirada había cambiado porque algo nuevo había despertado en mí.

Me di cuenta de que para conectar con tu ser debes conectar con la vida que llevas dentro de ti, la vida que da vida a tu cuerpo. Al conectar con ella, puedes sentir cómo vibra en tu interior, puedes sentirla en tus manos, en tu pecho, en tus órganos, en tus piernas, en tus pies... Y si a través de esta conexión con la vida logras ver a través del ser, te das cuenta de que todo lo que observas ha cambiado. Es lo mismo, pero ya no lo ves igual.

Cuando sientes la conexión con el ser, ya no hay lugar para sufrir por apegos, relaciones tóxicas, pérdidas o contratiempos. Te das cuenta de que todo esto pasa a un segundo plano, a un plano mucho más superficial. Es como si eso fuera algo que le sucediera a tu cuerpo físico, a la «persona» que eres, a la que has creído ser, a la que muestras, pero tú, como ser, estás en otro nivel. Si eres consciente de ello, puedes mantenerte como un observador de todo lo que te ocurre y te rodea, de todo esto con lo que hasta ahora te habías identificado, con lo que habías hecho y habías creído tuyo, y que ahora concibes como un puente para conectar con la verdadera realidad de lo que eres.

Y es que a veces podemos volvernos muy egocéntricos. Nos creemos el centro del mundo, cuando en realidad no somos más que otra expresión de vida, como todo y todos los demás. Por eso, al tomar conciencia de lo que somos y de lo que ocurre a nuestro alrededor, nos volvemos mucho más humildes. Aunque no es fácil llegar a conectar con esto, llegar a comprenderlo desde un plano más profundo es, sin duda, muy transformador.

Y digo que no es fácil porque tras nacer nos educan bajo el velo de una sociedad materialista y conceptualmente distorsionada, y acabamos analizando nuestra valía personal y valorándonos en función de todo aquello que vayamos consiguiendo de forma material, de nuestros éxitos sociales, estéticos y económicos. Cuanto más vayamos acumulando y alcanzando en estas áreas, más valiosos nos sentiremos y mejor autoimagen tendremos.

Y, tristemente, al llegar a la edad adulta, nuestra experiencia de vida acaba girando en torno a este eje central. Según lo exitosos que nos sintamos en cada área, nos focalizaremos en cómo llegar a más, en cómo conseguir más, en cómo ser mejores, en cómo hacernos más grandes... Siempre en el plano material y siempre partiendo de qué es lo que queremos que vean los demás cuando nos miren.

Pero eso, en el fondo, es una cárcel, ya que nunca tenemos suficiente. Si tenemos, sentimos que necesitamos más. Y si llegamos a más, tenemos miedo de perderlo. Si no tenemos suficiente, no nos valoramos y, además de no valorarnos, nos tratamos mal y nos hacemos daño con mensajes y conductas destructivas.

Vivimos centrados en tener y no nos damos cuenta de que, en realidad, no hay nada que nos pertenezca. Por mucho que acumulemos, todo cuanto alcancemos lo tomaremos prestado de la vida y, más tarde o más temprano, tendremos que devolvérselo.

Creemos que lo que conseguimos es nuestro, pero no es así. La vida puede quitárnoslo en cualquier momento y podemos perderlo todo. Y cuando perdemos algo o perdemos a alguien, al estar identificados con nuestro cuerpo, con ese personaje en el que nos han (o nos hemos) convertido al haber generado apegos con todo, no podemos soportarlo. Nos volvemos dependientes y sufrimos constantemente.

La persona y el ser

Aunque lo perdamos todo, aunque nuestro cuerpo cambie, aunque nuestra pareja decida irse de nuestro lado porque ya no nos ama, pase lo que pase, seguimos siendo el ser, más allá de nuestro cuerpo y de lo que a este le ocurra. Nuestra esencia sigue siendo la misma, seguimos siendo siempre, más allá de lo que tengamos o de lo que perdamos. Y aquí reside la clave de todo. El ser simplemente es. Es algo inmutable. Conectar con esa parte dentro de nosotros es lo que nos permitirá sentirnos libres e intactos, pase lo que pase. Esa parte en nuestro interior no puede ser dañada ni alterada. Todo cuanto nos ocurre, sucede fuera de esa parte; le sucede al cuerpo, a la persona.

Si conecto con el ser, estoy conectando con la vida, que es la misma que fluye en todos nosotros. Ese origen del que todo nace se expande y llega a todo y a todos. Ese flujo en el que no hay error y todo es perfecto. Nuestras experiencias son una oportunidad para sentir la vida desde un cuerpo que la contiene en su interior y le permite ser vivida, experimentada y transformada con cada uno de nuestros movimientos y decisiones, que solo pueden llevarse a cabo a través del cuerpo.

Conectar con el ser es conectar con la vida que nos une y que compartimos, la vida que encontramos en nuestro interior, pero que viene de una misma fuente de la que proceden y se conectan todas las vidas.

En cambio, si conecto con la persona que soy y me identifico con ella, me siento aislado, solo, diferente, me pesan los juicios, me asusta el rechazo y me obsesiono con tener y acumular. La persona sería el personaje con el que elegimos jugar nuestra partida en esta vida. En la mayoría de los casos acabamos identificándonos con esa persona y nos olvidamos de nuestro ser. Esto nos puede llevar a angustiarnos, a sentir miedo, rabia o tristeza, a sentirnos solos o perdidos, y nos ocurre porque olvidamos que solo se trata de un jugador y que los demás son simplemente otros jugadores, sean o no conscientes de ello como nosotros.

Cuando nos identificamos con la persona que somos y nos desconectamos del ser, es precisamente cuando puede que nos sintamos desarraigados, desconectados o alejados de nuestra esencia, aunque no todo el mundo tiene la conciencia y la claridad suficiente como para llegar a verlo. Y, entonces, desde esa sensación de desarraigo es muy fácil caer en algún tipo de dependencia, ya sea al alcohol, al juego, a las compras o a alguna sustancia (para evadirnos y desconectar de todo el dolor y el peso que sentimos que cargamos y no sabemos cómo gestionar); esta dependencia también puede ser emocional, hacia alguna persona en concreto, que suele ser la pareja. Necesitamos algo a lo que aferrarnos porque nos sentimos solos y vacíos. Convertimos esas adicciones en vías de escape hacia estados mentales en los que evitamos pensar, en los que nos evadimos al focalizar toda nuestra atención en el estímulo que supuestamente necesitamos para calmar nuestras ansias. Si no recibimos nuestra dosis, volvemos a sentir ansiedad porque percibimos que nos vamos acercando de nuevo a ese sentimiento tan doloroso del que tratamos de huir. Y aparece de nuevo la temida soledad, esa que desconocemos y no entendemos en absoluto.

La adicción más frecuente es, sin duda, la dependencia emocional. Nos aporta tanto placer amar y ser amados que es fácil que, desde ahí, sin una conciencia más profunda, caigamos en ese enganche con otra persona a la que sentimos que necesitamos. Se trata de la necesidad de tener a esa persona concreta a nuestro lado, de hacer todo lo que sea necesario para evitar perderla y que se aleje, para conseguir que su máximo deseo sea estar con nosotros. Al final, nos sentimos a salvo siempre que tengamos a esa persona cerca de nosotros, pero sentimos que estamos en peligro de muerte si esa persona se va o si la perdemos, si desaparece de nuestro lado o de nuestra vida.

Por eso fueron tan importantes e inspiradoras para mí las palabras que me regaló la vida a través de esa señora en la fuente. Sus palabras y su contenido, fruto de unas experiencias sin duda duras y complejas, pero con la conciencia de que podía verse desde otro lugar. Me enseñó que si tratamos de sobrevolar nuestro propio cuerpo y la persona con la que nos identificamos y nos vemos desde fuera, desde arriba, desde una cierta perspectiva, entonces nos damos cuenta de que no somos ese cuerpo ni esa persona. El cuerpo, como decía ella, es un regalo que nos hace la vida para poder vivirla, para transitar por ella, para sentirla y para aprender.

Descubrir todo esto en mi interior y tomar conciencia de que podía observarme con esa nueva mirada, desde esa nueva perspectiva, me hizo conectar también con una nueva visión de la autoestima. Ser consciente de mí misma, más allá de mi cuerpo y de mis logros, me aportó paz. Era como verme con una amplitud inmensamente mayor, trascendiendo todo lo físico. Sentí la conexión conmigo, con mi esencia, con mi ser. Me di cuenta de que aparte de cuidarme para mantener el cuerpo y la mente en buen estado, con prácticas como hacer deporte y cuidar mi diálogo interior, había otras acciones que debía tener muy presentes, ya que me llevaban a conectar directamente con mi ser. Acciones como salir a pasear por una zona tranquila de la ciudad cuando siento que estoy saturada o atascada con algún trabajo o proyecto, sin móvil y sin prisas; quedarme un rato en silencio, cerrar los ojos y simplemente sentir mi respiración, tratar de sentir cómo la vida vibra en mi interior; sentir cómo mi vida está conectada con la de todos los demás; sentir la gratitud hacia la vida por haberme regalado un cuerpo y permitirme así vivirla, y sentir gratitud hacia mi cuerpo por contener la vida que siento dentro de mí.

Y todo esto no tiene nada que ver con ser un experto en meditación, ni con alcanzar un estado de iluminación, ni con hacer posturas extrañas. Para nada. Se trata de algo tan sencillo como cerrar los ojos y escucharte, sentirte, vivirte. Se trata de perderte por una ciudad que te gusta, darle la mano a alguien a quien amas o preparar un pastel. Pero hacerlo siendo consciente de la vida con la que eso te conecta y de la vida que eso te aporta.

Lo importante es ser consciente de que habitas tu cuerpo y dejar que la vida se exprese a través de ti, a través de él. Así alcanzas un grado de conexión contigo mismo mucho más profundo, más sutil, más verdadero. Pasas a sentir que tu valía se basa en que albergas vida en tu interior, y no en que hayas conseguido algo o acumulado cosas. Es una visión diferente de la autoestima. Cuando basas tu valor en el ser que eres, tu experiencia de vida cambia por completo y te llenas de humildad al darte cuenta de que todos somos lo mismo.

La vida que hay en cada uno de nosotros es la misma. De nosotros depende cómo decidamos vivirla.

Te propongo que ahora que cierres un momento los ojos y trates de responder a estas dos preguntas, ya sea reflexionando sobre ellas o escribiendo las respuestas en un papel.

¿Cómo me concibo como «persona»?
¿Cómo me concibo como «ser»?

Esfuerzo frente a placer

Durante esa semana en la montaña, cada día, a las seis de la tarde, encendía el fuego. Era mi pequeño ritual.

Me apasiona el fuego desde niña. En todos los sitios donde hemos vivido con mi familia siempre ha habido un espacio para el fuego. Antes de que llegara el invierno, mi padre se pasaba unos días cortando leña y apilándola cuidadosamente en alguna parte del jardín. Como nos encantaba ir a caminar por la montaña (mis padres nos transmitieron esa pasión a mi hermano y a mí), llegado el momento, nos metíamos todos en el coche cargados de bolsas para ir a buscar piñas y tronquitos finos. Nos encantaba. Y cuando ya empezaba a hacer frío, en la cocina siempre había un precioso fuego encendido. Allí hacíamos carne, pescado, verduras y tostadas, o simplemente nos sentábamos a contemplarlo. Yo podía pasar horas mirándolo. Es curiosa mi conexión con el fuego: el calor, el ruido, el olor, los colores, el baile de las llamas...

En el apartamento de mi amiga me quedaba cada noche embobada delante de ese fuego, que me transportaba inevitablemente a mi niñez.

Una de esas noches, de repente, me levanté de forma mecánica, miré por la ventana, y aunque ya estaba bastante oscuro, pude ver que empezaba a nevar. Aquello ya no podía ser más bonito ni más perfecto.

Veía caer los copos, suaves y en apariencia livianos. Era como si se hubieran soltado y simplemente se dejaran caer, rendidos o tal vez confiados... sin lucha, sin esfuerzo, tal vez disfrutando e incluso sintiendo placer.

Y eso me hizo recordar una conversación que tuve una vez con un chico que, si no recuerdo mal, era profesor de artes marciales. Coincidimos una noche en una cena en casa de unos amigos, y acabó hablándome de cómo concebía él al ser humano: por un lado, con su parte material y efímera y, por otro lado, con su parte consciente y más trascendente.

Me explicó que, según él, la memoria genética de nuestro cuerpo está impregnada de esfuerzo, ya que cada salto evolutivo que hemos dado como especie no se ha dado por placer, sino por necesidad. Por una necesidad de supervivencia. Así, hemos ido evolucionando genéticamente (desde el esfuerzo) hasta convertirnos en lo que hoy concebimos como seres humanos.

Siguiendo con su punto de vista, con el que no puedo estar más de acuerdo, podríamos decir que nuestra memoria celular tiene el disco duro lleno de esfuerzo. Lo tenemos tan integrado que en nuestra sociedad se le da un valor a veces desmesurado al esfuerzo. Y, por favor, no me interpretes mal con esto. Desde luego, si deseamos alcanzar algo, debemos invertir energía en ello. No estoy defendiendo ni la dejadez ni la pereza. Lo único que intento hacer es arrojar luz sobre una tendencia y una forma de funcionar que tenemos tan arraigada que puede incluso llevarnos a normalizar conductas que son totalmente insanas.

Casos como el de Javier, que no era capaz de delegar ni soltar momentáneamente su trabajo por creerse imprescindible, por muy cansado que estuviera, hasta que tuvo que hacerlo porque la vida le sacudió y no le quedó otro remedio. O casos como los de tantas personas que siguen en relaciones difíciles y defienden que están creciendo y evolucionando en ellas, sin darse cuenta de que se van apagando inevitablemente por dentro...

El fuego y los copos de nieve me hicieron recordar a aquel chico, y al pensar en lo que me explicaba, me di cuenta de que, si bien es cierto que en el plano genético el esfuerzo nos ha hecho evolucionar, en el de la conciencia crecemos y nos expandimos cuando conectamos con el placer, con la paz, con nuestra esencia y con nuestra verdad. Cuando estamos sumidos en procesos de gran esfuerzo, con una agenda inconcebiblemente apretada, llegando tarde a todas partes, sin encontrar huecos para relajarnos, para quedar para tomar un café con un amigo o hacer una llamada a nuestra madre, cuando no tenemos tiempo para dar un abrazo a alguien querido o simplemente para salir a pasear, ahí no estamos creciendo ni nos estamos expandiendo en nuestro interior.

Es imposible.

El regalo que contiene el esfuerzo adecuado y necesario es que, tras él, hay siempre un instante de placer. Puede llegar tras soltar las bolsas de la compra, tras colgar el teléfono después de mantener una conversación incómoda, tras tener que realizar un trabajo tedioso, o incluso tras una sesión deseada de ejercicio físico. Ya sea un esfuerzo interno o externo, después de realizarlo siempre vienen unos instantes en los que puedes apreciar (si le pones un mínimo de conciencia) el placer de conectar de nuevo contigo. Es como recoger de nuevo la vida que habías perdido con ese esfuerzo.

Se trata de pequeños instantes en los que puedes conectar con tu verdadera esencia, aquella que, en realidad, no entiende de esfuerzo ni de sufrimiento. Aquella que se expande y crece cuando sueltas el esfuerzo y simplemente fluyes desde el mero placer de ser.

Incorporar en tu vida el hábito de conectar contigo y con esos instantes de placer de forma consciente puede transformarla por completo.

El placer reemplaza gradualmente la memoria del esfuerzo y logra generar la coherencia entre nuestra esencia y nuestra genética, de forma que todo, tanto nuestro lado consciente como nuestro inconsciente, nos guíe por caminos de crecimiento y satisfacción.

Y es que, si lo analizamos, la vida en sí, la que contenemos y está en todos y en todo, es neutra. Simplemente es. Podrías pasarte la vida sentado en una silla y te darías cuenta de que el resto de vida seguiría moviéndose. Todo seguiría, aunque tú no hicieras nada.

La vida es, por tanto, neutra, pero la vida que contenemos se activa cuando queremos movernos. Esta activación puede ser inconsciente (por supervivencia o para satisfacer carencias, desde el esfuerzo) o consciente (por placer, para disfrutar de la misma y por el deseo de formar parte de su propio proceso).

Cuando nos abrimos a formar parte de su propio proceso, nos damos cuenta de que somos mucho más que vida. Somos la consciencia que la vive, y aquí es donde no hay tiempo, ni dimensión física, ni lugar para el miedo. Esa conciencia es tu realidad, donde habitan tus sentimientos y tu sensación de unidad, y desde ella puedes decidir amar la vida que contienes y activar el amor para que esa vida interna se exprese en su forma más bonita y se despierte y se recuerde a sí misma en los demás.

Sin camino de vuelta

Muy a menudo, sin darnos cuenta, nos quedamos atrapados en la tierra del amor idealizado. Nos han dañado, hemos sufrido, nos han abandonado y lo hemos pasado muy mal, y cuando parece que nuestro entorno considera que ya deberíamos estar mejor, que deberíamos haberlo superado, entonces lo hacemos. Hacemos justamente lo que no deberíamos hacer, que es elegir el autoengaño. No se trata de una elección consciente, por supuesto. O tal vez sí. Lo importante es que tomemos conciencia de que lo hacemos. Tratamos de convencernos con mil y un argumentos muy bien estructurados de que ya estamos preparados, de que solo es por diversión, de que es por puro entretenimiento, de que lo tenemos todo muy claro. En definitiva, sin darnos cuenta buscamos desesperadamente otro corazón que lata junto al nuestro, al mismo compás; deseamos desde lo más profundo una mano que nos acaricie la mejilla, unos labios que nos miren con amor, una sonrisa que diga lo que tanto deseamos escuchar.

Y, por ello, nuestra mente busca y busca incansable a esa persona que nos ayude a transitar por nuestra vida ahora oscura, alguien que nos aporte luz y nos ayude a recuperar las ganas de reír, la ilusión por vivir, la fe en el porvenir. Alguien que nos acompañe sin empujarnos, que nos escuche sin juzgarnos y que nos cuide dejándonos ser. Alguien a quien admirar y que nos admire, a quien cuidar, abrazar, acariciar...

Y es entonces cuando debemos detenernos y ser capaces de vernos por dentro. Comprender que somos ese niño herido que grita suplicando amor. Que grita para ser visto, oído y cuidado. Que grita para que le hagan caso, para que no le dejen solo, para que le regalen atención, tiempo, caricias, amor y más amor.

Se trata de comprender desde qué parte estamos sufriendo y lograr ver dónde nacen nuestras carencias más profundas. Ese niño, tal vez olvidado y aparentemente ya muy lejano, sigue ahí, justo a nuestro lado, a veces de nuestra mano y otras veces nos sigue un paso por detrás. Deja espacio porque tiene miedo a ser rechazado, pero sin alejarse demasiado porque también tiene miedo de perderte, de que se haga tarde y ya no puedas verle nunca, de que no puedas curarle, ni abrazarle, ni pedirle perdón por haberle olvidado. Tal vez nunca supiste que existía desde tu mente, o tal vez nunca lo quisiste saber. A veces ese niño ha vivido infiernos demasiado oscuros como para recordarlos, así que los hemos enterrado bajo tierra. Pero demasiadas veces, con ellos enterramos también a nuestros niños, que se resignan callados y con la esperanza de que, algún día, algún hada nos despierte de nuestro sueño profundo y puedan así ser descubiertos de nuevo por primera vez.

Y es entonces cuando debemos detenernos y ser capaces también de vernos por fuera. Comprender que es de necios vivir pensando que solo es posible alcanzar la plenitud a través del amor de pareja. Entender que a la felicidad se llega por muchos caminos distintos y que podemos encontrar nuestras ilusiones perdidas en soledad, compartiendo espacios con amigos y simplemente abriéndonos a recibir, sin más, sin expectativas, sin proyectos, sin inventar historias de príncipes ni sepultar sin argumentos de peso la soledad.

Creemos que un día encontraremos ese amor tan soñado, ese alguien lejano y con rostro inventado que cure nuestras heridas y nos sume felicidad. Y tal vez sucederá, pero no podemos jugarnos nuestra vida a una sola partida.

Y sí. Debemos detenernos y ser capaces de vernos en silencio, de observarnos, sin más. De acariciar nuestras propias cicatrices, de besarnos sin camino de vuelta, sabiendo que nos quedamos, que ya no importa quién siga a nuestro lado, que nunca más nos volveremos a olvidar.

17

LA SOLEDAD COMO FUENTE DE PAZ Y QUIETUD

Es importante sabernos capaces de buscar y encontrar la paz incluso en los momentos más difíciles, cuando estamos frente a lo incomprensible, lo indeseado o lo injusto, por duro que sea. Y soy plenamente consciente de que esto es algo que no es nada fácil cuando nos ha tocado vivir determinadas experiencias muy duras; pero incluso en esos casos tenemos la capacidad de buscar ese espacio de paz y quietud en nuestro interior.

Pueden ser breves instantes, momentos cortos o muy puntuales en los que no pensamos en nada, o pensamos en algo que nos conecta con un destello de bienestar. Se trata de espacios o momentos que nos van a conectar con el vacío que mencionábamos antes, ese vacío que en realidad está tan lleno. Lleno de paz, de quietud, y lo más importante, de amor. El amor, al fin y al cabo, es la energía más fuerte que nos mueve y nos impulsa a vivir, a emprender, a relacionarnos, a superarnos, a entregarnos, a reconstruirnos. Se trata de ser capaces de vivir amando a los demás y, por supuesto, amándonos a nosotros mismos en todo momento. Solo así podemos alcanzar la paz y la quietud que nos brinda la soledad.

Cuando llegué al quinto día de mi propio encuentro en soledad, parecía que hacía un mes que estaba allí. Pero no porque se me hiciera largo, sino por todo lo que estaba descubriendo con ese silencio y esa paz.

De repente sentí un cierto grado de desilusión al darme cuenta de que ya me quedaba menos de la mitad. Mi semana se iba consumiendo y pronto volvería a mi casa, a mi vida. Deseaba que esos días en la montaña no acabaran. ¡Con lo que había tratado de evitar yo la soledad! Sin duda estaba siendo una experiencia transformadora.

Y fue justo en ese momento, mientras conectaba con esos pensamientos, cuando un ruido molesto y repetitivo se fue haciendo más presente. Creo que hacía rato que se oía, pero no era consciente de él. Hasta que lo fui.

Debo decir que soy un poco especial con el tema de los ruidos. Me molestan todos los que me desconcentran o me apartan de mi paz mental. Captan mi atención, y cada vez me voy poniendo más nerviosa.

Miré por la ventana. Era un señor que estaba arreglando una verja en el apartamento del al lado.

Mi primera reacción fue un pensamiento del tipo «justamente tenías que venir hoy a arreglar esa verja; será posible, no me lo puedo creer». Pero al cabo de pocos minutos, decidí respirar hondo e intentar volver a mi estado de paz y quietud, el que había alcanzado después de esos cuatro días en ese apartamento en medio de la montaña. Y al tratar de conectar con ese estado, me acordé del concierto.

Recuerdo que un día fui a Valencia a un concierto de un cantautor que me gusta mucho. El concierto empezaba a las nueve de la noche y, como no teníamos asientos reservados, a las ocho y media llegamos allí para asegurarnos un buen sitio. A las nueve y cinco abrieron las puertas, lo cual me extrañó. Incluso volvimos a corroborar que el concierto empezaba a las nueve, y así era. Entramos y nos ubicamos en un buen sitio. La gente iba entrando. Sobre las nueve y media todo el mundo estaba dentro, pero no ocurría nada. Iban poniendo canciones de fondo, pero allí no aparecía nadie. Se hicieron las diez menos cuarto y todo seguía igual. El cantante brillaba por su ausencia. La verdad es que, a mí, por lo general, esas cosas me molestan mucho. Valoro mi tiempo y no me gusta perderlo a causa de la irresponsabilidad de los demás. Por ello, de entrada, conecté con un sentimiento inicial de malestar e incomodidad. Me duró hasta pasadas las diez, cuando de repente empezó el concierto y el cantante se comportó como si nada. ¡Ni siquiera una disculpa! No me lo podía creer. Sin embargo, traté de respirar, de relajarme y de dejarme embriagar por sus letras, por las melodías, por las canciones que tanto me gustaban y tanto placer me daban.

Tras las primeras tres o cuatro canciones que interpretó, me quedé observándole de otro modo. Traté de verlo con otra mirada distinta y de conectar con el agradecimiento a pesar de todo. Ahí estaba, encima del escenario, tocando y cantando para nosotros. Logré conectar con un sentimiento muy profundo de gratitud. Y fue entonces cuando, además, pensé: «Tal vez le ha pasado algo grave. Quizá le han llamado para decirle que ha fallecido su padre o su madre. Quizá está muy afectado, pero no quiere fallarnos, quiere salir de todos modos. Quizá está mal, pero finalmente decide empezar el concierto y no quiere pedir disculpas ni mencionar el retraso porque teme que si lo hace, se va a emocionar, y tampoco quiere contarnos lo sucedido porque no quiere cambiar nuestra energía ni teñirla de pena o de tristeza».

Tal vez no fue nada de todo eso y el cantante simplemente pasó de todo, cenó tarde y apareció cuando le dio la gana. Pero fuera lo que fuera, yo ya no viví el concierto desde la ira y la decepción, sino que lo viví con un sentimiento muy profundo de compasión y de gratitud. Pude trascender las emociones que podrían haberme mantenido atrapada, los pensamientos negativos y las ganas de desahogarme, y al trascender todo eso, empecé a disfrutar de la magia que allí se creó. Fue muy especial, fue algo que voy a recordar durante mucho tiempo. Me di cuenta de que el poder de mi bienestar, de mi paz y de mi quietud está realmente en mis manos.

Mientras recordaba esa historia, me daba cuenta de que aquella experiencia me había aportado mucho valor. Me había ayudado a aprender, por lo menos, dos cosas muy importantes.

Por un lado, me demostró, una vez más, que nuestra interpretación de los hechos puede cambiar la forma en la que vivimos cada situación con la que la vida nos sorprende. Los cambios y lo inesperado forman parte de la vida.

O te dejas llevar por la vida y lo que no está en tus manos desde la suavidad y la fluidez, tratando de conectar con la gratitud, o todo te golpeará y tendrás que transitar igualmente por sus caminos, te gusten o no.

Que ese tránsito sea una experiencia agradable o dolorosa depende única y exclusivamente de ti.

Por otro lado, me enseñó que una vez que has logrado conectar con ese espacio tan íntimo de quietud interior, cuando has conseguido entrar en contacto con tu soledad, puedes volver allí cuando lo desees. No importa si estás físicamente solo o si estás en un concierto rodeado de cientos de personas y con la estridente voz del cantante sonando a todo volumen por un altavoz frente a ti. A priori podríamos creer que con ese ruido y con tanta gente no podemos ser capaces de escucharnos a nosotros mismos ni conectar con lo que estamos sintiendo, pero no es así. Sí que podemos, sin ninguna duda. Cuando ya lo hemos experimentado una vez, cuando ya hemos llegado a ese espacio de paz y quietud que habita en nuestro interior, es como que ya sabemos el camino para volver a él. Y, por ello, podemos regresar cuando lo deseemos o lo necesitemos. Estemos donde estemos y sin importar con quién. Siempre podremos regresar a él porque sabremos el camino y la llave estará siempre en nuestras manos. Allí siempre encontraremos calma, paz y quietud.

Sin más, había vuelto a ese estado de armonía interna estando en la casita en la montaña. Y me di cuenta de que cuando eres capaz de hacer esto, de centrarte en ti, desde la compasión hacia los demás y desde el respeto hacia la vida y lo que esta quiere para ti, de repente, la vida se ordena. Es como si la dejaras fluir, sin tratar de cambiar nada de lo que no esté en tus manos. Y es justo entonces cuando puede que incluso dejes de sentir incomodidad.

Casualidad o no, en cuanto volví al presente después de haber recordado aquella anécdota, me di cuenta de que ya no había ningún ruido y, tras mirar por la ventana, descubrí que el señor de la verja ya no estaba. No sé si es que ya había acabado lo que estaba haciendo o que simplemente la vida se lo llevó porque yo ya había visto lo que debía ver.

Me di cuenta también de que la vida había tratado de enseñarme aquella situación infinidad de veces. Yo siempre decía en broma que era mi karma. Podían ser situaciones como ir al cine por la noche, ser las dos únicas personas en una sala en la que proyectaban una película que ya había visto todo el mundo, y que justo al minuto de empezar llegara otra pareja, se colocara justo detrás de nosotros y se pusiera a comer palomitas con la boca abierta de par en par (de modo que se escuchaba más el ruido al masticar que el diálogo de los protagonistas) o que estuviera tranquilamente en un Starbucks escribiendo, sin que hubiera nadie más en toda la cafetería, escuchando solo la música de fondo y el olor a café, y que llegara una chica con su amiga y se sentara justo en la mesa de al lado, en el mismo banco, tan cerca que tuve que apartar mi bolso y todo porque les molestaba (¡estando todo el bar vacío!), y encima con un tono de voz que creo que las escucharían hasta las del bar de al lado. En fin, esto siempre ha sido el pan de cada día para mí. Los que me conocen se ríen siempre, pero ha sido como una maldición.

Había sido siempre así, pero por fin lo había comprendido. Era así porque yo debía darme cuenta de algo. La vida me lo ponía delante una y otra vez para darme de nuevo la oportunidad de comprenderlo. Y menos mal que, finalmente, allí, en aquel apartamento, lo logré. Y el ruido desapareció. Logré trascenderlo y, al hacerlo, volvieron el silencio, la paz y la quietud.

Y sabía que todo eso no lo habría comprendido si no hubiera estado allí, a solas conmigo.

La importancia de no retener la vida

Cuando logras ver tu vida desde otra perspectiva (ya sea más de cerca o más de lejos), todo cambia, ya nada vuelve a ser lo mismo. Entonces eres capaz de amar todas las cosas por igual. Eras capaz de ser una persona más generosa, agradecida y compasiva.

Cuando logras ver que la vida que te rodea y la que habita en ti es la misma, que todo está formado y construido por la misma materia que va cambiando de aspecto y de forma, es muy probable que tu vida cambie y que dejen de afectarte muchas de las cosas que te habían afectado hasta ese momento; empiezas a verlo todo diferente.

Siempre puedes volver al ejercicio de la lupa (mirarte muy de cerca, entrar en ti y luego ir alejándote) para tomar conciencia de esto. Porque es justo al llegar a este punto de conciencia cuando uno puede sentirse verdaderamente agradecido por ser y por estar, por existir, por vivir, por tener la oportunidad de sentir, de experimentar. Es justo en ese punto cuando conectamos con nuestra verdadera capacidad de amar. De amar a todos y amar a todas las cosas. Y no quiero que esto se interprete como un pensamiento *hippie* de amor para todos. Va mucho más allá. Me refiero a amar a todos y a todo, desde la comprensión de que todo y todos somos lo mismo. Se trata de ser capaces de sentir esa conexión que hay entre nosotros y todo aquello que nos rodea. ¿Comprendes?

Cuando te explicaba el caso de Paula, pudiste comprobar que ella vivía desde la impotencia de quien no comprende lo que está ocurriendo. Solo iba dando tumbos, chocando y haciéndose daño con una serie de preguntas en bucle: ¿Por qué le había pasado eso? ¿Por qué él había actuado de aquella forma? ¿Por qué él había desaparecido sin más? ¿Por qué ella no merecía ni una triste explicación? ¿Por qué él la trataba así? ¿Qué había hecho mal ella? Está claro que ir de una de esas preguntas a otra no le iba a aportar ni quietud ni paz, sino todo lo contrario, pero le resultaba difícil enfrentarse a la soledad y al vacío de la ausencia inesperada y dramática, aunque elegida, de aquel hombre. Estaba atrapada en el papel de víctima y eso la hacía sufrir innecesariamente.

Esa postura de víctima es totalmente «egocéntrica», aunque inevitable de entrada, ya que solo nos preocupamos de nosotros mismos y somos incapaces de ver más allá: «yo, yo, yo», «a mí, a mí, a mí», «¿por qué a mí?», «¿qué he hecho yo?», «si yo me he portado tan bien», «si yo lo di todo», «si yo te amé tanto»... No somos capaces de salir de ahí. El ego es demasiado fuerte para nosotros. Y hay quienes lo viven de una forma mucho más paralizante y egocéntrica que otros. Algunos detienen su vida y no son capaces de salir de su drama. Es como que por haber vivido aquello buscan llamar la atención de los demás para que les hagan caso y les compensen las carencias que manifiestan. Pero está claro que no son los demás quienes deben venir a cubrir nuestras carencias. No funciona así. Somos nosotros mismos quienes debemos ser capaces de ver qué nos ocurre, cómo estamos actuando, y si esa forma de actuar nos aporta algo positivo o si más allá de una leve y falsa sensación inicial de desahogo, al final acabamos sintiéndonos aún peor.

En un primer momento, esa reacción es normal (y Paula debía de sentir ese sufrimiento). Pero llega un punto en el que uno debe ser capaz de parar, detenerse y poner luz para decidir si quiere seguir flagelándose o liberarse de esas cadenas que, en realidad, ni siquiera son suyas ni tiene por qué seguir cargándolas.

La verdad es que incluso en esos procesos, incluso en esos momentos de tanto sufrimiento, todos somos capaces de trascender el dolor con el que nos conectan las emociones y observarnos por fuera, conscientes de que somos mucho más que un cuerpo que sufre. Conectando con nuestra verdadera esencia y dándonos cuenta de que somos parte de la vida, de la misma vida que lo impregna todo y que habita en todo. Cuando uno es capaz de entrar en contacto con esa verdad, se desprende del sufrimiento. Aunque sea por unos instantes, puede observarlo desde fuera, aislarlo, relativizarlo e incluso deshacerlo. Puede dejar de identificarse con el sufrimiento que siente, dejar de hacerlo suyo o de considerarlo parte de sí mismo, y empezar a verlo como la consecuencia a una interpretación mental que ha hecho de unas determinadas circunstancias, de unos movimientos concretos de la vida.

Es importante tener claro que para sentirnos en armonía y a gusto con nosotros mismos debemos comprender que la vida debe fluir. Que el estado natural de la vida es el de fluir. Por eso, todo cambia constantemente, porque la vida fluye en todo. Y cuando alguien se aferra a algo, en realidad está tratando de ir en contra de la esencia de la vida, lo cual, tarde o temprano, siempre pasa factura. Tanto si nos aferramos a una relación y no damos cabida a la idea de que pueda cambiar o acabar, como si nos aferramos a algo que ya no tenemos y no aceptamos que ya no está, como si nos aferramos a la idealización de una parte de nuestra vida, a ciertos cuentos que nos contaron o sueños que teníamos y que no se pueden cumplir, ese acto de aferrarnos a algo o a alguien es un intento absurdo de querer retener la vida, y la vida no puede retenerse. Cuando tratamos de retenerla, llega el sufrimiento.

Cuando tratamos de retener la vida, sufrimos.

Comprender esto no siempre nos aliviará o hará desaparecer el sufrimiento ante la pérdida de un ser querido o en una situación de abandono como la de Paula, pero sí que nos permitirá desviar la mirada y ver con otros ojos la realidad que tenemos delante, aunque al principio lo hagamos de forma momentánea. Veremos los hechos desde otra perspectiva distinta y, por ello, conectaremos con emociones también diferentes, renovadas, que nos permitirán ir avanzando en el proceso hasta quedar totalmente fuera de él. Hasta sentirnos de nuevo liberados y más fortalecidos, abiertos a seguir fluyendo con la vida. Confiando en que estamos aquí para amar y que, al hacerlo, tenemos la oportunidad de aprender, de crecer y de acercarnos un poco más a la paz y la quietud que solo la soledad puede mostrarnos, allí donde reside la esencia de nuestro propio ser.

Cuando aprendas a respetar con amor los ritmos y las decisiones de la vida, serás capaz de fluir con ella. Cuando te resistes a la vida y a sus decisiones, es como si estuvieras en un río y quisieras nadar a contracorriente. Todo te golpearía, los troncos, las piedras y cualquier cosa que el agua arrastrara con ella. En cambio, si decides dejarte llevar por la corriente, el agua fluirá y tú fluirás con ella. Con la vida sucede lo mismo. Si aceptas y confías, fluyes. Si te resistes y vas en contra, tropiezas, caes una y otra vez, y te debilitas cada vez más con cada golpe.

Hay cosas que dependen de ti, así que es importante ser consciente de ello para poder implicarte y hacer lo que haga falta si deseas conseguirlo. En cambio, otras cosas dependen únicamente de la vida, y en esos casos lo único que te permitirá recuperar tu paz y quietud interior es conectar con tus momentos de soledad y, desde ellos, elegir entregarte a la vida, confiar y fluir.

Imagino que a estas alturas del libro ya te habrás dado cuenta de que no podemos conectar con todo lo aquí expuesto a menos que nos quedemos a solas. La soledad es justamente lo que nos permite entrar en ese espacio interior tan profundo que nos acerca a la verdadera esencia de todas las cosas. Es justamente en esos momentos de soledad (ya sea elegida y buscada, o no) cuando somos capaces de conectar con un silencio muy necesario. Hablábamos de paz y quietud, pero podríamos llevarlo aún más allá. Conectar con la soledad puede ayudarnos a conectar con la propia vida.

Insisto en esta idea: la vida que habita en ti, en mí y en cada uno de nosotros es la misma. Al fin y al cabo, todo y todos estamos hechos de lo mismo: las plantas, los coches, las piedras, las personas, los planetas y el propio universo. Recuerda el ejercicio de visualización de la lupa. Si no tratas bien a los demás, a los objetos o a los animales, estás tratando mal a la vida que estos contienen y que es la misma que habita en ti y, por ello, también te haces daño a ti mismo. Por eso dicen, acertadamente, que quien da recibe y quien siembra recoge. Todo forma parte del mismo engranaje. Y a veces, muchas veces, es necesario que nos atrevamos a enfrentarnos a ese espacio de soledad tan temido para conectar de nuevo, o por primera vez, con cada una de nuestras verdades más profundas, con nuestra auténtica sabiduría, con lo que tenga que decirnos la vida, esa vida que habitamos y que habita en todas las cosas y en todos los seres.

Tratarte mal, sea como sea, es tratar mal a la vida. Rechazarte, hablarte mal, menospreciarte o dañarte por sentirte o estar solo es una forma de quitarte vida y, en consecuencia, de estar y sentirte aún peor.

Lo mismo ocurre cuando actúas así, pero hacia otra persona. Si conoces a alguien que está solo y empiezas a decirle cosas como que da mucha pena, que vaya imagen que da ante los demás, que qué aburrido debe de ser llegar cada día a casa y hacer lo mismo, en soledad, sin poder hablar con nadie, sin que nada le sorprenda, sin ilusiones. Si le expresas que eso es lo que piensas al verle, no vas a ayudar a esa persona a sentirse mejor, sino todo lo contrario. La hundirás en la miseria más profunda y absoluta. Igual que se ha demostrado cómo puede decaer una planta a la que hablamos mal y con desprecio o a la que insultamos cada día, comparada con otra a la que alimentamos igual pero tratamos con amor.

Recuerda que la vida es cambio, que la vida fluye constantemente. Para hacer de nuestra experiencia un agradable viaje, debemos fluir con la vida y con esos cambios desde la aceptación y el respeto, desde permitirnos ser y aceptar lo que somos, lo que hay, lo que ocurre y lo que nos pasa. La aceptación nos libera y nos permite seguir fluyendo con la vida, mientras que el rechazo (hacia uno mismo, hacia los demás o hacia las circunstancias) produce justo lo contrario: nos paraliza, nos estanca, nos obsesiona y nos destruye. Y no quiero decir que haya que aceptar lo que sea y ya está. Aceptar algo es dejarlo ser, darle espacio, aunque después veamos que nos irá mejor de otra forma, que nos sentiremos mejor de otra manera, con otro enfoque, con otra actitud. Si lo vemos y lo sentimos así, podremos cambiarlo. Pero el cambio vendrá de la aceptación de lo que hay. Desde ahí, sí que se crece. Al igual que cuando hacemos sentir a otra persona aceptada desde una aceptación profunda y verdadera, la estamos acompañando a que, si lo desea, vaya a por más, sintiéndose cada vez mejor.

¿Qué pasaría?

Te invito a que por unos instantes salgas de tus procesos mentales y te instales en el sentimiento. Te invito a que sientas, a que notes que en tu interior hay vida. Pero quiero que conectes con una sensación de vida que va más allá de saber que estás vivo porque puedes moverte, leer o pensar. Se trata de sentir que estás vivo porque sientes esa vida en tu interior. Y si te fijas bien, esa vida provoca una suave vibración dentro de ti. ¿La sientes?

¿Y si entendiéramos la vida como un flujo de energía que contiene toda la información del mundo? ¿Y si creyéramos que contiene todos los datos, todas las voces, todos los sucesos, todos los sufrimientos, todas las alegrías, todas las dificultades, todos los miedos, todas las experiencias, todo cuanto haya sucedido en uno u otro momento del tiempo en el espacio que nos contiene? Y cuando hablo del espacio que nos contiene, voy mucho más allá del planeta Tierra. Tenemos muchísimas preguntas por resolver desde la razón. Sabemos que el espacio que rodea nuestro planeta va mucho más allá de lo que puede abarcar nuestra conciencia y que estamos contenidos también en él.

¿Y si cada una de nuestras vidas, es decir, la que cada uno vivimos en este cuerpo que conocemos, tuviera un sentido, una misión? Y cuando hablo de misión, me refiero a vivir unas experiencias que nos permitirán aprender una serie de aspectos que nos harán crecer a nosotros o harán crecer a los demás. Muchas personas tienen la misión de aportar luz a otras personas que la necesitan, de ayudarlas a despertar porque no son conscientes de aspectos esenciales de sí mismas que, una vez que los vean y los potencien, les permitirán experimentar la vida con muchísimo más sentido.

Desde hace muchos años, concretamente desde que decidí centrarme en el tema de la dependencia emocional, verbalizo que mi misión en esta vida es ayudar a otras personas a darse cuenta de que el amor es algo maravilloso y de que no encaja con lo que a menudo viven en sus relaciones de pareja. Ayudarlas a ver si están en una relación tóxica y, en caso afirmativo, guiarlas para que sean fuertes, se empoderen y logren trascender los miedos que les hacen sentirse atrapadas en la relación con el fin de que se liberen y se recuperen a sí mismas. Así podrán vivir la vida que realmente se merecen.

Hace años que estas ideas forman parte de mi discurso cuando explico a qué me dedico y por qué. Viví una experiencia que me hizo sufrir mucho. Y es cierto que cuando sufres, tienes la oportunidad de despertar aspectos de ti que, de lo contrario, probablemente seguirían adormecidos. Esa experiencia me hizo conectar con una parte de mí que me empujaba a avanzar y crecer sin descanso en una dirección concreta. Tenía muchos miedos. Me angustiaban mucho algunos de los pasos que me proponía dar. Muchas veces me preguntaba qué necesidad tenía yo de exponerme de aquel modo ante los demás (yo, que encima era muy tímida e insegura). Pero nada pudo detenerme. Algo en mi interior me impulsaba a seguir hacia delante, me hacía seguir bebiendo de mi propia sed interna, de mis propias ganas de llegar a más, a más gente, a más corazones, a más felicidad al liberar a otros de sus cadenas. Porque eso era y ha sido siempre el éxito para mí: ayudar a otros a recuperarse a sí mismos, a volver a brillar. Así es como siempre lo he sentido.

Llevo más de quince años dedicándome a esta labor. Mi empresa ha ido creciendo y hemos ido fijando nuevos retos, nuevas metas. Hemos ido abarcando cada vez más, para llegar a más gente, dedicando prácticamente la totalidad de las horas de cada uno de los días de nuestras vidas a esta misión. Es, sin duda, lo que más me gusta hacer y lo que deseo seguir haciendo.

Siempre he sido una persona muy racional. En parte, eso ha sido lo que más me ha ayudado a mantenerme serena y a ser muy clara y contundente a la hora de ayudar a otras personas. Soy muy sensible, y esa parte racional es la que me ha equilibrado.

Pero también es cierto que siempre ha habido otra parte más profunda y sentida dentro de mí que empezó a hacerse más presente ya hace un tiempo. Y es justamente cuando conecto con esa parte más profunda cuando me hago muchísimas preguntas: ¿Y si la vida contuviera en sí misma toda la información del mundo, del universo, de todas las vidas, de todos los tiempos? ¿Y si nosotros no fuéramos otra cosa que una expresión de vida que se vive a sí misma a través de nuestro cuerpo?

Cada uno de nosotros vivimos unas experiencias u otras en función de nuestras decisiones, de cada paso que damos, de la dirección que tomamos en cada situación. Y con cada vivencia realizamos una serie de aprendizajes que nos permiten ir creciendo, avanzando y tal vez despertando un poco más; aunque también puede ser que no aprendamos, con lo cual tendremos que vivir esa experiencia de nuevo.

¿Y si al contener vida y ser parte de esa misma vida contuviéramos también en nuestro interior toda la información que contiene la vida? ¿Toda la información de ese todo que nos rodea y nos contiene?

Tal vez la tenemos, pero por algún motivo la hemos olvidado. Sin embargo, aun así, está en nosotros.

Visualización: amar la vida

Para escucharme y realizar la visualización con los ojos cerrados, visita <**www.silviacongost.com**> y accede gratuitamente al audio correspondiente (ver instrucciones en la página 15).

Si deseas leerla en otro momento, la tienes transcrita al final del libro.

Tu cuerpo es el vehículo que contiene una porción de vida, y gracias a ese cuerpo y a tu conciencia, puedes vivirla. Es una porción de vida que se vive a sí misma. Vive experiencias distintas en cada cuerpo, experimenta y aprende cosas muy distintas. Algunos cuerpos la llevan a vivencias más elevadas y trascendentes, hacen que esta vida tenga experiencias más profundas y que la conecten más con su propia fuente, mientras que otros cuerpos tienen experiencias que le restan vida a esa vida con la mala alimentación con la falta de actividades placenteras o de amor. Al fin y al cabo, nuestro cuerpo es un vehículo, y no es nada banal decir que debemos cuidarlo al máximo y mantenerlo en estado óptimo, ya que así la calidad de vida que este nos permitirá experimentar será mucho mejor que la que tendríamos si lo maltratáramos o no lo cuidáramos en absoluto.

Te propongo que hoy salgas a la calle y trates de ver la vida en todo cuanto te rodea. Que trates de observar y sentir la vida en cada farola, en cada semáforo, en el alquitrán de las calles, en los rebordes de los dibujos del suelo de las aceras, en las judías hervidas que te llevas a la boca, en lo que sientes con cada bocado de lo que comes, en el tacto de tu bolso de piel, esa piel que en su composición contiene la misma vida que contienes tú.

Me encantaría que vivieras esa experiencia y que experimentases qué sientes al hacer ese ejercicio, al mirar el mundo que te rodea de ese modo, al tratar de vivir la vida y disfrutarla desde la propia conciencia de vida. Te aseguro que la experiencia es increíble. La paz, la serenidad y la quietud que sentirás serán inolvidables.

¿Y sabes qué? Se trata de experiencias que solo puedes vivir y experimentar desde tu propia soledad. Puedes compartirlas, explicarlas y describirlas a los demás, pero solo tú puedes sentirlas en tu interior, estando contigo mismo. El sentimiento no se comparte, simplemente se siente y nace de ahí, de esa propia vida que te da vida a ti. Desde esa propia vida que se vive a sí misma a través de ti.

Para mí, fue fascinante darme cuenta de que la vida se vive a sí misma a través de mí. Cuando comprendí la magnitud de lo que esto significaba, mi vida cambió por completo. Significa que tengo la oportunidad de vivir las experiencias que desee, gracias a que tengo una porción de vida dentro de mi cuerpo. Y es importante ser consciente de que puedo vivir lo que desee durante un tiempo limitado. El cuerpo se deteriora y llega un momento en el que ya no puede mantenerse en pie y ya no puede albergar vida; entonces esa porción de vida que contenía vuelve a la vida misma, a la fuente de la que proviene.

Suena a tópico, pero nuestro tiempo de vida es limitado porque nuestro cuerpo se deteriora y acaba por fundirse de nuevo con el resto de la materia. Por ello, es importante tomar conciencia de esto lo antes posible, para aprovechar la experiencia única e irrepetible de contener esta porción de vida y vivir aquello que deseemos. Para experimentar aquello que nos atraiga: conocer a determinadas personas, vivir determinadas experiencias, ir a determinados sitios, hacer determinadas cosas, etcétera.

Aun así, lo más importante es recordar que estamos aquí para vivir y para vivirnos. Para sentir y para sentirnos. Para amar y para amarnos.

Solo si aprendemos a amarnos, seremos capaces de amar la vida que contenemos. Solo si aprendemos a amarnos, seremos capaces de amar la vida que nos rodea. Solo si aprendemos a amarnos, seremos capaces de amar la vida que habita en los demás. Al fin y al cabo, insisto, todo es lo mismo y todos somos lo mismo. Cuando alguien te hace algo que te conecta con el sufrimiento, si eres capaz de conectar con el amor hacia esa persona, si eres capaz de amarla, de sentir dentro de ti el amor de la propia vida, más allá de los hechos o de lo que haya sucedido, vivirás esa experiencia de una forma diametralmente distinta. Y en función de tu forma de vivirlo (si estás conectando con el amor), no imaginas lo que puedes llegar a provocar en los demás y en la propia persona que te ha causado ese dolor. Irradiarás luz, pero será una luz tan fuerte que no dejará a nadie indiferente, que conectará a quien la perciba con unas emociones tan profundas y transformadoras que no podrá esconderlas.

Y cuidado con esto de conectar con el amor hacia la otra persona. No quisiera que nadie lo confunda con seguir al lado de alguien que nos trata mal o justificar el hecho de seguir allí por ese amor tan fuerte que sentimos o con el que somos capaces de conectar. No, no, nada de eso. Cuando estamos en una relación tóxica, debemos irnos siempre (como sabes, de esto he hablado millones de veces); sin justificaciones y sin darle más vueltas. En esos casos, somos capaces de irnos, pero habiendo conectado con el amor. No el amor de pareja que en una época sentimos hacia la otra persona y que nos hizo querer tener una relación con ella. No. Y que conste que, si la relación fue tóxica desde el principio, posiblemente no existió nunca ese tipo de amor, sino que se trató de una dependencia emocional.

En cualquier caso, me refiero a la capacidad de amar también la vida que habita en esa otra persona, que es la misma que habita en nosotros. Amarla porque sabemos que la vida se está expresando a través de su cuerpo para vivir una serie de experiencias que la llevarán a un punto u otro de crecimiento y evolución. Hay quien con sus experiencias avanza más y alcanza un nivel de conciencia y comprensión mayor, mientras que hay quien no crece lo más mínimo. Se trata de ser capaces de ver a esa persona más allá de sus actos y de sentir que está haciendo su camino por la vida, de ser conscientes de que se ha cruzado en nuestra vida en un momento determinado y que, con ello, la vida ha tratado de enseñarnos algo y de enseñar algo también a la otra persona. Nos ha hecho vivir esa experiencia para que ocurran una serie de cosas en nuestro interior, para que haya determinados cambios, para que veamos determinados aspectos de la propia vida que no veíamos y que, seguramente, no habríamos visto de no haber sido por esa experiencia.

La vida no da puntada sin hilo. Cada situación nos enseña y nos ayuda a crecer, a mejorar y a trascender nuestras propias limitaciones, nuestros propios bloqueos y nuestras ganas de llegar un poquito más allá.

La vida va de ti y va de amar

—¿Qué es la vida para ti? —le preguntó la enfermera al señor que yacía en la cama, enfermo y con pocas posibilidades de recuperación.

Él sonrió y tuvo muy clara la respuesta.

—Sin duda, la vida es una oportunidad.

Cerré esa novela que había elegido al azar de entre todas las que había en la estantería del comedor del apartamento y me quedé pensando mucho en ello. Cuantas más vueltas le daba, más sentía la verdadera esencia de esa frase. La vida es una oportunidad. Una oportunidad para crecer, para experimentar, para disfrutar, para trascender, para valorar, para dar, para recibir, para sentir y, en definitiva, para aprender a amar. Porque la vida va de eso. La vida va de ti y va de amar. Puedes amar en silencio o en el bullicio, despierto o dormido, aceptando o resistiendo, da igual. Amar es el motor y la energía, el sentido y la belleza, la naturaleza, el edificio o el mar.

Puedes vivir situaciones que alteren tu estado emocional, puedes sentir rabia, ira, frustración o tristeza, pero en el instante en que amas, en el instante en que conectas con el sentimiento de amar, ya sea acariciando suavemente tu rodilla o percibiendo la textura de un lápiz, de una tecla o de tu piel, de forma automática tus emociones negativas se transforman y aparece el verbo amar. Y en ese instante todo cambia, todo se enternece, todo lo que era ya no es porque todo lo que es proviene de ese sentimiento tan puro, tan infinito, tan esencial y tan presente en cada una de nuestras piezas... el sentimiento de amar.

Y entonces lo ves, lo sientes y lo sabes. La vida va de eso, la vida va de amar. Y cuando comprendes que la vida te ama, también comprendes que siempre que sintonices con ella a través de ese sentimiento, os entenderéis, podrá contarte todos sus secretos y podrás vivirla con mucha más intensidad. Cuando hables desde el amor profundo hacia ti, ella siempre te responderá con más amor y te abrirá más puertas, te aportará más luz, y sentirás más energía y sabrás que creces. Y entonces amarás aún más cada cosa, cada instante, cada mirada... y apreciarás el susurro de un árbol que te habla en silencio, o la voz de una estrella que al mirarla logra borrar todos tus miedos; verás cómo se deshacen, se disuelven o se funden con la brisa del mar.

Cuando comprendes que la vida va de ti, comprendes también que el ego no existe y que, si existe, eres simplemente tú. Sin más. Todo cuanto te ocurre es el lenguaje que la vida tiene para hablarte. La vida te dice cosas y debes aprender a escucharlas, a leerlas, debes estar abierto para poder descifrar su voz. Y si comprendes que la vida va de amar y de amarte, siempre que te ames, ella te respetará y te responderá con más amor hacia ti y hacia todos los demás.

Por eso, en cada situación que vivas
pregúntate: ante esta situación,
¿cuál es la mejor forma de amarme?
¿Qué es lo que siento que es mejor para mí?

Si actúas de acuerdo con una respuesta sincera y honesta, obrarás desde el amor, y aunque a veces haya emociones como la pena, la culpa o el miedo que te dificulten apreciarlo, al final acabarás proyectando también más amor hacia los demás.

Y cuando comprendes esto, cuando eres capaz de bucear por las entrañas de tus miedos, cuando visitas por dentro el origen de tu luz, cuando tomas conciencia de la magnitud de tu ser, despiertas y anhelas más vida, más belleza, más sentir y menos pensar. Y empiezas a amar la vida al darte cuenta de que ella te ama a ti y de que, a cambio, solo te pide que comprendas que tu vida eres tú, que tú eres una expresión magnífica de esa vida, que todo cuanto te rodea está ahí para ti, las luces y las sombras, el día y la noche, el amor y el desamor, los éxitos y las pérdidas, la montaña y el mar. Y te das cuenta también de que la soledad no deja cicatrices, de que a ella también puedes amarla, porque ella eres tú en tu estado más puro, y es justo ahí, conectado con ella, donde tus musas se permiten visitarte, donde los duendes te abrazan y las hadas de tus sueños vuelven a volar. Es ahí donde te atreves a quitarles la máscara a tus miedos, donde se iluminan las voces de todas las almas, donde te susurra el anhelo de ese nuevo despertar.

Y todo eso cambia tu luz, te permite sentirte por dentro y vibrar con la vida, y por fin comprendes lo único que no debes olvidar: la vida va de ti y va de amar.

18

LA SOLEDAD COMO FUENTE DE LUZ Y DE VIDA

Llegó el séptimo día. El día de la vuelta a casa. Traté de evitar pensar en ese momento durante toda la semana, pero al final llegó.

En alguna parte de mi interior, en el fondo, deseaba volver, pero confieso que en otra parte mucho más presente conectaba con un cierto grado de resistencia. Al final, esos días a solas me habían ayudado a entrar en contacto con una cara de la vida mucho más valiosa e importante de lo que yo jamás habría imaginado. Seguir mi impulso de aislarme no había sido en vano.

Me sentía muy bien porque, de alguna manera, lo interpretaba como que la vida me había hablado y me había indicado el camino, y yo supe escucharla y seguir sus indicaciones. Y a partir de ahí, todo fue sucediendo, se fue dando, fui despertando.

Después de hacer las maletas y de recogerlo todo, llamé a un taxi para que pasara a buscarme y me llevara a la estación de tren más cercana. Tardó más de lo previsto y, sin duda, se pasó de listo con lo que me cobró, pero yo estaba totalmente conectada con la gratitud. Gracias a que aquel hombre había ido a recogerme a aquella casa en medio de la nada y me había llevado a la estación, ahora yo podía volver a Barcelona. El viaje, que en coche dura una hora y media, iba a prolongarse durante cuatro horas en aquel tren (mi única opción), pero me sentía profundamente afortunada porque había un tren que me llevaría. Estaba llenísimo de gente, pero ya con mi billete en la mano, conecté con la paz y la quietud que sabía que habitaban en mí. Tenía cuatro horas para seguir escribiendo y avanzando en mi libro.

La señora del tren

La vida puede adoptar muchas formas. Se muestra en cada rostro, en cada textura, en cada sentimiento, en cada emoción. A veces no la vemos, otras veces olvidamos su magia, su profundidad, su plenitud. A veces nos sentimos mal y conectamos con emociones que nos angustian, que nos generan rechazo o nos alejan de aquello que da verdadero sentido a todo: el amor.

Una vez en el tren, de vuelta a Barcelona, me senté en un asiento al lado de la ventana. Me apetecía muchísimo ponerme a escribir. Estaba relajada pero cansada, y deseaba que en el vagón reinara un ambiente tranquilo y silencioso para poder concentrarme. A veces me ocurre que siento una fuerte necesidad interna de escribir. Es como si hubiera acumulado muchas cosas en el plano emocional y tuviera que sacarlas, como si no pudiera evitarlo. Y eso que había estado escribiendo mucho. Sin embargo, había vivido tantas cosas que ahora que emprendía mi viaje de vuelta tenía que teclearlas y ordenarlas.

Pero no sabía si podría concentrarme para escribir, debido a lo mucho que me molestan los ruidos (o me molestaban, por lo menos, hasta ese viaje), sobre todo en espacios cerrados en los que la gente lleva los móviles sin silenciar y le suenan las teclas y los mensajes que envían y reciben a cada momento; me molesta muchísimo porque me parece una falta de respeto hacia mí y hacia los demás. O cuando la gente habla muy alto, como si estuvieran solos o como si a los demás nos importara lo más mínimo lo que están explicando. Puedo llegar a irritarme muchísimo. Tanto que ni siquiera puedo concentrarme para escribir nada. Y entonces me quedo con todo ese alud de palabras y emociones dentro, se me atascan y me pesan. En fin, no es una situación muy agradable. No estaba muy segura de si mi estado de paz y gratitud sería suficiente para lidiar con aquello.

La cuestión es que, tras sentarme en el primer vagón, me di cuenta de que justo a mi lado viajaban dos señoras. Pude intuir que la que estaba al lado de la ventana tenía un trastorno psíquico y gritaba muchísimo en sus intentos de hablar. Yo ya me temí lo peor y sentí una mezcla de desilusión y molestia. Debo confesar que apenas me fijé en ella con detalle. Por suerte, hacía tiempo que me había comprado unos auriculares de esos que te aíslan de los ruidos exteriores y me los puse sin dudarlo ni medio segundo. Gracias a ellos estuve escribiendo un rato, hasta que llegó un momento en el que de forma instintiva miré hacia la izquierda y entonces sentí como si, de repente, la vida se detuviera para mí.

De pronto la vi. Estaba allí, con su pelo corto, sus gafas gruesas de pasta, con la cabeza reclinada hacia la ventana y mirando a través de ella, observando el paisaje, en silencio y con una gran sonrisa. Inmóvil. ¿En qué estaría pensando? ¿Qué sentiría? ¿Cómo se mostraría y se expresaría la vida a través de ella?

No tengo las respuestas ni las tenía ese día cuando viví ese momento tan mágico. Solo sé que, ante esa imagen, al ver su rostro, su cuerpo, su ropa, sus manos entrelazadas, la paz y la inmensa bondad que desprendía, se removió algo en mi interior y empecé a llorar. No pude contenerme, no podía parar. No podía ni dejar de mirarla ni dejar de llorar.

Con la expresión de vida de esa mujer, la vida me había mostrado algo esencial, me había hecho conectar de nuevo, en un segundo, con lo más importante que existe: el amor. De repente sentí un grandísimo y profundísimo amor hacia ella. Veía el amor en sus ojos que contemplaban el paisaje y lo veía en la sonrisa que dibujaban sus labios, en sus manos hinchadas, en su cuerpo. Lo veía en toda ella, en todo su ser. Y ese amor se activaba también en mí.

Fue entonces cuando me di cuenta, una vez más, de que el amor con el que nos conecta la vida está en todo y en todos. Comprendí que el amor es el ingrediente básico del que está hecha la vida. Aunque después a veces no sepamos gestionarlo porque generamos apegos dañinos, pero en esos casos ya no se trata de amor. El amor es siempre algo bonito, sano, que nos une y nos hace más grandes, más fuertes, más sabios.

Porque el amor va de la mano de la bondad y de la compasión, que son los dos mayores regalos con los que nos puede obsequiar la vida.

Al fin y al cabo, no se trata de que nos parezca bien o mal aquello que tengamos que vivir. Algunas veces será más agradable y otras veces puede ser horrible, pero si estamos dispuestos, siempre nos permite aprender, crecer y hacernos más fuertes, más conscientes, más compasivos, más humanos.

Cuando alguien sufre, aprende muchísimo de ese sufrimiento (a menos que sea una persona que evite con su conducta destructiva enfrentarse a lo que la vida está tratando de enseñarle), y ese aprendizaje va a hacerle mucho más grande. Tal vez se dará cuenta de que gracias a eso puede aliviar el sufrimiento de muchas otras personas que viven lo mismo. Tal vez gracias a ese aprendizaje puede aportar luz a otras personas que están atrapadas en la oscuridad y no logran ver dónde está la salida. Personas que tropiezan una y otra vez con la misma piedra, que se dan de frente contra algo que no ven, pero que podrían esperar, intuir o predecir.

Algunos tienen el don de ver lo que no percibimos los demás, pero otros necesitan cambiar y desarrollar ese músculo interno, retorciéndose en primera persona en escenarios nada atractivos y profundamente dolorosos.

Sin embargo, si logran aprender, su vida cambia, se transforma y se convierte en una oportunidad de dar auténtico sentido a los días que les quedan por vivir. La cuestión es que por muy dura que sea la experiencia que hayamos vivido, siempre podemos aprovechar esa experiencia para vivir nuestros días de una forma mucho más sentida, auténtica y profunda.

Me queda por explicarte la parte más bonita de esa historia. Al final llegamos a Barcelona. Mientras yo lo recogía todo, el resto de los pasajeros fueron bajando del tren hasta que solo quedábamos esa señora con su acompañante y yo. Subió un trabajador de la estación a recogerla con una silla de ruedas porque ella apenas podía caminar. Él, muy majo, la trató con una gran dulzura, de la que también me impregné y que también me emocionó.

—¡Hola guapa! —le dijo a ella—. ¿Ya estamos listos para bajar? He venido a por ti.

—¡Muy buenas tardes! ¡Aquí estamos listísimas! —respondió ella con ciertas dificultades, pero con un tono claramente alegre.

No pude evitar sonreír. Ayudé a su acompañante a bajar algunas maletas porque iban muy cargadas, y una vez que estuvimos fuera del tren, me despedí de ellas. Les dije adiós con la mano, y la mujer de la silla de ruedas levantó el brazo que apenas podía mover, y con una gran sonrisa que dudo poder olvidar en la vida me dijo: «¡¡Adiós!!». Y yo, como ya debes de estar imaginando, con mi extrema sensibilidad, lloré de nuevo. Qué regalo tan bonito. Qué bonita la vida, qué bonitas estas sorpresas con las que nos muestra cosas y nos ayuda a despertar, a aprender y, en definitiva, a crecer.

De alguna manera comprendí que, al darme cuenta de todo aquello, al emocionarme con su imagen recostada en la ventana, observando en silencio el exterior, conecté con la luz y entonces logré ver. Y con ese saludo que ella me regaló, moviendo su brazo derecho con dificultad, con esa sonrisa generosa y profundamente sincera, conecté con la vida. De alguna manera, aquello era luz y era vida. Luz para ver la vida expresándose a sí misma, mostrándome cosas que yo no veía de inicio hasta ese momento. Qué regalo tan enorme. Cuánta gratitud siento al recordarlo.

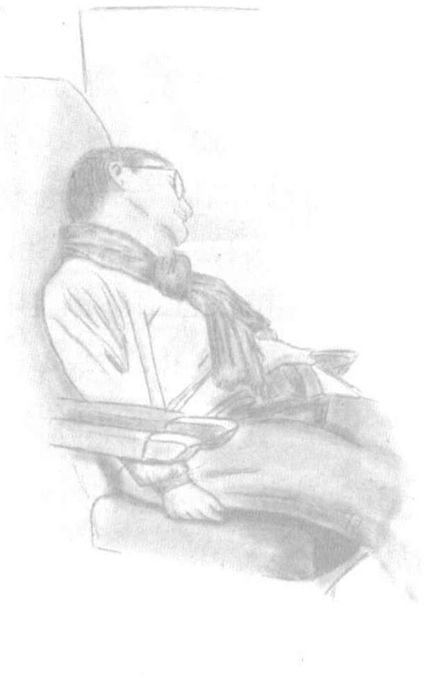

Volver a nacer

Un día me explicaron un pasaje de la Biblia que se centraba en una conversación entre Jesús y un tal Nicodemo. No tengo ninguna intención de introducir ningún elemento religioso en este libro, ni muchísimo menos, pero lo menciono porque aquella historia incorporaba una frase de Jesús que me hizo pensar. En la conversación, este le dijo a Nicodemo algo así como que, para poder obrar como él, debía volver a nacer. No se trataba de volver al vientre materno, porque ya era un adulto y eso no era posible, sino volver a nacer en vida y como adulto.

Cuando la escuché, me pareció una historia más. Pero cuando entré en el proceso de profundizar en la soledad, por algún motivo esa historia me vino de nuevo a la cabeza y entonces le vi otro sentido diferente. Me inspiró y me conectó con la manera en la que veo ahora la soledad, así que me gustaría compartirlo contigo.

Si le preguntas a un pez qué es el agua, probablemente no podrá responderte porque el agua lo es todo para él y no es consciente de la presencia del agua. Se mueve por el agua y sobrevive, pero tal vez ni siquiera la ve. Está en todo, por fuera y por dentro de sí mismo. Con los seres humanos, puede que ocurra algo parecido. Formamos parte de un entorno con el que nos identificamos y que ni siquiera nos cuestionamos, un entorno construido a conciencia por nuestra sociedad, y nos vamos deslizando por este mundo, tratando de no llamar demasiado la atención y de sobrevivir. Vivimos conectados con ese entorno y con la obsesión de hacer lo que se espera de nosotros de la mejor forma posible, hasta que nos llegue el día de la muerte y desaparezcamos. Sin más. Así es el paso por la vida de la mayoría de la gente. Tienen una oportunidad para vivirla y la atraviesan de puntillas, algunos asustados y otros sin pensar demasiado para no angustiarse, hasta el último de sus días. Sin hacerse preguntas, sin cuestionarse nada, sin tratar de crecer ni alcanzar algo más allá de lo que nos imponen o tratan de vendernos.

Sin embargo, cualquiera de nosotros que así lo desee puede tomar la decisión de «volver a nacer». Se trata de volver a nacer en vida, lo cual es algo maravilloso y transformador que nos permite vivir los días que nos quedan de una forma radicalmente distinta.

Volver a nacer significa conectar con ese todo infinito del que venimos.

Se trata de conectar y renovar la conciencia de quiénes somos, de ser conscientes de que formamos parte de ese todo que nos envuelve por fuera y nos llena por dentro, de volver a la vida conscientes de nuestra totalidad.

Desde ese espacio de conexión con lo que nos rodea, sintiéndonos parte del mismo todo, nos damos cuenta de que podemos vivir nuestra existencia de forma que tenga mucho más sentido para nosotros. Atreviéndonos más porque nuestros miedos se diluyen y pierden fuerza. Alejándonos de la ira porque al sentirnos unidos con el todo y con todos, la ira deja de tener sentido (incluso hasta el punto de volverse ridícula y absurda y carecer de todo el sentido que le habíamos dado hasta ese momento). Observando la tristeza como si fuera algo ajeno, algo añadido durante un tiempo, de lo que nos habíamos adueñado o que habíamos permitido que nos poseyera, pero que ahora vemos que no nos pertenece, que es externo y que no puede influirnos en absoluto mientras estemos conectados y seamos conscientes de ser uno con el todo.

Cuando nos sentimos parte del propio infinito, nos sentimos parte también de la vida contenida en ese todo, y si desde esa conciencia somos capaces de dejar espacio para que se exprese la vida, entonces ocurre el milagro. Entonces todo fluye, sucede y se recoloca, y conectamos con una paz muy profunda y verdadera que está en sintonía y que nos une a la paz de la vida.

En ese estado recuperas el contacto con tu esencia, con tu ser. Y justo ahí vuelve a aparecer tu inocencia más pura. Esa que se ha ido cubriendo de las capas de maquillaje que nos han ido poniendo desde que éramos niños, de todo aquello que nos han dicho y han hecho de nosotros. Nos han dicho cómo teníamos que ser y comportarnos, lo que se esperaba de nosotros y lo que no, de qué forma íbamos a obtener reconocimiento y cuándo recibiríamos desaprobación. Nos han moldeado los padres, los maestros, los amigos, las parejas y la sociedad. Somos una construcción en la que han participado muchas manos, manos de otros seres construidos también por más manos, con capas y capas de maquillaje, llenos de heridas y de tatuajes permanentes, aunque siempre superficiales.

Llevamos todos tantas capas que apenas somos capaces de reconocernos. De hecho, cuando alguien se mira un día al espejo y conecta con la idea de que tal vez no sea aquello que ve, empieza el viaje.

Cuando despierta la conciencia y cuando nace en sí mismo el deseo de llegar a más, de saber más, de indagar más, de descubrir más. Es como una necesidad interna que grita demasiado y que no podemos ignorar. Es una voz muy estridente que solo baja el volumen si le hacemos caso. Y es justo en ese momento cuando nos preguntamos: ¿Somos como somos o somos una construcción que otros han hecho de nosotros?

Nos hacemos esa pregunta, aunque ya tenemos muy clara la respuesta: no somos como habíamos creído hasta ese momento. Y volver a nacer es darnos cuenta de esta verdad tan necesaria. Volver a nacer es atrevernos a ir de dentro hacia fuera; es conectar con la inocencia, con el amor puro hacia nosotros mismos, hacia la vida, hacia ese todo.

Volver a nacer es conectar con la inocencia sabia y serena que nos permite, ahora sí, disfrutar de todo. Se trata de disfrutar de todo, pero de una forma muy diferente a como lo haría un niño, porque el niño lo disfruta sin más, pero el adulto lo hace desde la conciencia del camino que le ha permitido llegar allí y desde lo que contiene ese todo con el que ahora es capaz de conectar. De adulto puedes valorar de verdad lo que ese todo te permite vivir. Valoras más una taza de té (que antes tomabas mientras pensabas en otras cosas), un abrazo (que antes dabas y recibías de forma mecánica y sin sentir nada), la lluvia (a la que antes apenas prestabas atención), una conversación con un amigo, el olor del pastel en el horno o los instantes de soledad que te permiten conectar contigo y, a través de ti, con la vida.

Por tanto, se trata de volver a nacer, pero hacerlo con el bagaje que has ido acumulando más lo que puedes absorber de la sabiduría del todo que ahora sabes que te contiene.

Es una nueva forma de vivir la vida, con gratitud, con apertura y con auténtica plenitud.

Todo es igual, pero ya nada es lo mismo.

La verdad sobre Ícaro

Ha habido varios momentos en mi vida que me han impactado tanto que se me han quedado grabados en la memoria y serán imposibles de borrar. Siempre han estado relacionados con el arte en alguna de sus formas, o lo que yo interpreto como arte. Momentos como cuando vi por primera vez el Panteón de Roma, el templo de Abu Simbel en Egipto, las Torres Gemelas de Nueva York, la Capilla Sixtina o el David de Miguel Ángel. Pero, sin duda, un momento muy impactante fue cuando descubrí la escultura del «Ícaro caído» en Agrigento (Sicilia). Al ver la figura de bronce de Ícaro, en el suelo, delante del templo de la Concordia, con las alas, las piernas y los brazos rotos, supuestamente por su caída desde el cielo, puedo afirmar que me quedé absolutamente sin respiración. A veces me pasa cuando veo algo que me conecta con tanta belleza. No lo sabría explicar.

La cuestión es que nos contaron la historia de Ícaro, hijo del arquitecto Dédalo. Ambos fueron encerrados en el laberinto de Creta. El padre trató de buscar la forma de escapar y, después de observar los pájaros que sobrevolaban el laberinto, se dio cuenta de que la única manera de conseguirlo con éxito era volando. Decidió construir unas alas hechas de plumas, que se pegarían a sus cuerpos con cera. Una vez acabadas, las probaron con cuidado y se dieron cuenta de que, efectivamente, podían volar igual que los pájaros. Así consiguieron escapar del laberinto y liberarse para siempre. No obstante, Dédalo advirtió a Ícaro que no volara demasiado alto porque el calor del sol podía derretir la cera de sus alas y se caería, y que tampoco volara demasiado bajo porque el agua del mar podría mojarle las alas, con lo que pesarían demasiado y no podría volar. Pero Ícaro no pudo evitar subir cada vez más al volar. Deseaba llegar cada vez más alto. Tal y como su padre le había advertido, la cera de sus alas empezó a derretirse y cayó en picado en el mar. Murió por el fuerte golpe que se dio.

Después de aquella visita, aún impactada por la extrema belleza de aquella escultura de bronce delante del templo de piedra, y tras haber escuchado esa historia que me dejó pensando, entramos en un anticuario de la ciudad. Aquel sitio tenía algo especial. Era un local oscuro, con mucha madera y objetos antiguos. No sé por qué, sentí la necesidad de entrar, y mis pies se deslizaron como si fueran directos a alguna parte que yo desconocía, entre mesas, figuras y cuadros muy viejos.

Yo estaba maravillada. Creo que no respiré en todo el recorrido hasta que al final, lo vi. Allí estaba él. Encima de una estantería llena de polvo, tumbado entre velas, candelabros y un par de espejos dañados por el paso del tiempo, estaba Ícaro, tal cual lo habíamos visto delante del templo. Una réplica preciosa. El color, la textura, el rostro, las alas rotas, su cuerpo malherido, su expresión. Me dejó sin aliento.

Confieso que perdí la conciencia de los instantes que siguieron y no tengo ni idea de cuánto tiempo estuve ahí, totalmente inmóvil. Solo sé que reaccioné al escuchar su voz detrás de mí, cerca de mi oído derecho.

—Precioso, ¿verdad? —dijo en italiano.

En cuanto me recompuse del susto que me dio ver ahí, pegado a mí, al propietario del anticuario, que por cierto encajaba perfectamente con todo lo que allí tenía, le respondí:

—Sí, precioso. Me encanta haber dado con él. Haberlo encontrado.

Y de inmediato, el señor sonrió y me miró con esos ojos pequeños detrás de sus gafas redondas.

—No, bonita, no te equivoques. Él es quien te ha encontrado a ti.

Y luego, la que no podía dejar de sonreír era yo. No sabía muy bien a qué se refería, pero su respuesta acarició algunas emociones que yo albergaba en mi interior.

A continuación, me preguntó si nos habían explicado la historia de Ícaro en el templo, a lo que yo le hice un resumen bastante detallado para que viera que estábamos bien documentados. Cuando iba por la mitad de la historia, me cortó y me dijo que eso eran tonterías que se acostumbraban a explicar a los extranjeros sin criterio. Nos preguntó si queríamos saber la verdadera historia de Ícaro, qué le pasó en realidad, el porqué y lo que podíamos aprender de ello.

Una emoción muy profunda me recorrió todo el cuerpo en un segundo y no pude contenerme.

—¿En serio? ¿Hay otra historia sobre Ícaro más allá de la leyenda? ¡Sí, sí, sí, claro que queremos escucharla! ¡Por supuesto!

Gritó algo en italiano a la chica que estaba atendiendo en la tienda con él, una chica joven poco motivada, la verdad, y nos indicó que le siguiéramos.

Entramos en un cuartito aún más oscuro que la tienda. Encendió una luz y nos indicó que nos sentáramos delante de una mesa, casi tan antigua como él. Él se sentó al otro lado, enfrente de nosotros, nos sonrió y empezó su relato.

—Vamos a ver, la historia oficial sobre Ícaro es la que os han contado, pero la historia real, la que solo sabemos algunas personas, es la que os voy a contar yo ahora. Lo explican como si fuera una leyenda, y aunque lo relacionen con el Minotauro o con la hija de Helio, el dios del Sol, Ícaro fue un chico real, de carne y hueso. Era un chico inquieto, sensible y con una vida interior muy profunda. Es cierto que, a veces, a las personas sensibles y con una vida interior rica pueden etiquetarlas de raras, excéntricas o diferentes, y algo así le pasó a él. De niño ya podía observarse la extrema sensibilidad que tenía para conectar con las emociones de otras personas, con los animales e incluso con las plantas. Decía que todo era lo mismo, que todos éramos lo mismo y que debíamos tratarnos con respeto, amor y cariño, porque la forma en la que tratábamos a aquello que nos rodeaba era también la forma de tratarnos a nosotros mismos. Igual que si haces daño a otro, ese sufre, también te hace sufrir a ti ese daño causado, porque en el fondo es como si te hubieras dañado a ti mismo. ¿Me seguís?

Yo, por supuesto, ya estaba sin respirar de nuevo, impactada, maravillada por la situación, por estar en ese sitio mágico, con ese ser tan auténtico y peculiar, y encima escuchando una historia como aquella. En Sicilia. En fin, de película. Pero me moría porque aquel momento durara lo máximo posible. Le sonreí y asentí con la cabeza.

—Sí, sí, le seguimos.

—Ícaro se hacía querer, era amable y paciente, pero también, quizá por la edad, era apasionado y tenía sus momentos de inquietud. Desde niño se acercaba muy a menudo a un Anciano del pueblo, que le ayudaba a conectar con esa parte tan profunda que él llevaba dentro, con esa forma de ver el mundo que le rodeaba, de ver la vida y las cosas como un todo, como una unidad, con una conexión muy profunda que daba un sentido más verdadero a todo cuanto se planteaba. Era como si hablar con él de esas cosas le ayudara a poner orden en su interior y recuperar la paz mental que perdía cuando se relacionaba con el resto de la gente. Como si los demás no conectaran con él, o no comprendieran su forma de ver el mundo. Como si todo aquello no tuviera sentido para nadie más, y si trataba de compartirlo, le miraban como si fuera un loco al que se le había ido la cabeza por completo.

»Llegó un momento en el que solo hablaba de aquello con el Anciano. Eran sus espacios de paz, de templanza, de calma, de conexión consigo mismo. Con el Anciano podía ser él mismo y, además, se sentía admirado por ser así. El Anciano le decía siempre que él era diferente, que su nivel de conciencia era superior al de quienes le rodeaban y que eso era un don que debía cuidar y proteger, y del que nunca debía olvidarse. Eso le mantendría cuerdo y sereno. Si se olvidaba de ello y se dejaba llevar por la forma apegada, inconsciente y vacía de vivir la vida de quienes tenía alrededor se acabaría perdiendo a sí mismo y sería su perdición. Le explicaba que veía en él unas enormes alas que debían estar siempre libres de suciedad y de peso innecesario para que pudiera volar bien alto. Eso era una metáfora para que comprendiera que no debía perder el contacto con esa parte más elevada suya, la que le permitía ver más allá de todo lo básico y material que veían los demás.

»Ícaro, le escuchaba durante sus largos paseos, y cuando se despedían, la calma que le aportaban esas conversaciones le duraba unos días, hasta que volvía a sentirse inquieto e iba a visitarle de nuevo. Era como la vía de conexión que tenía consigo mismo. El Anciano ponía orden y luz a todo aquello que Ícaro llevaba dentro y que le creaba confusión.

»¿Me comprendéis? ¿Seguís lo que os estoy explicando? ¿Comprendéis lo que le ocurría a Ícaro?

—Sí, sí, creo que sí. Menos mal que tenía al Anciano para poder hablar de todo aquello.

—Tenía al Anciano, sí, pero el Anciano murió de repente una noche. Se cree que fue Desdenia, una bella joven enamorada de Ícaro, que sentía celos del hombre y de la necesidad que tenía su apuesto amante de ir a visitarle tan a menudo.

»Ícaro pasó meses sin hablar con nadie, como si estuviera sumido en un duelo profundo y permanente, como si siguiera en contacto con el Anciano a través de sus silencios, hasta que, poco a poco, Desdenia logró que empezara a salir de su cueva interior. Empezaron a ir de aquí para allá, a comer, a beber, a planificar... y él, sin darse cuenta, se fue olvidando de todo su mundo interior. Ese que le hacía único y tan especial. En alguna ocasión, él había tratado de hablar de ello con Desdenia, pero ella se reía y le cambiaba de tema, le trataba como si todo eso fueran tonterías y le hacía ver (a su manera) que tenía que centrarse en lo verdaderamente importante, que era trabajar mucho y ahorrar para que pudieran hacer muchas cosas.

»Poco a poco, Ícaro fue olvidándose de sus alas. Esas enormes alas que veía en él el Anciano y que tanto le había insistido en que las protegiera como si de un tesoro se tratara. Se olvidó de ellas por completo y fue apegándose cada vez más a todo aquello de lo que durante un tiempo se había mantenido liberado y protegido. Empezó a llenarse de miedos ante la idea de perder todo lo que iba consiguiendo. Debido a determinadas conductas cuestionables de Desdenia empezó a sentir celos. Permitía que le trataran mal y le apagaran su luz, y empezó también a rechazarse a sí mismo por ser sensible y profundo. Se iba sintiendo cada vez más cansado.

»Acabó muy enfermo, en la cama. Estaba tan cansado que apenas podía moverse. Se sentía totalmente exhausto. Nadie entendía lo que le ocurría. Algunos decían que eso le había ocurrido por las cosas que el Anciano le había metido en la cabeza durante tantos años.

»Una noche, estando solo en su cama, supuestamente tuvo un sueño en el que vio al Anciano. Nadie sabe si fue un sueño o si el Anciano se le apareció allí, en su habitación. Tuvo de nuevo una conversación con él. Ícaro, inquieto al verlo, le preguntó qué le había pasado. Necesitaba saber por qué se encontraba tan cansado, por qué apenas podía moverse si aparentemente estaba sano y fuerte y los médicos no veían nada extraño en su cuerpo.

»—Ícaro, querido —le respondió el Anciano enseguida—, los médicos no ven nada porque son incapaces de ver las enormes alas que hay en ti. Recuerda que muchas veces te expliqué que muy pocos podían verlas. La mayoría de la gente está demasiado ocupada mirándose a sí misma, centrada en conseguir, en tener más y más, en no perder lo que tiene y en que nadie le quite aquello que cree que necesita. Y así se pasan las personas la vida, sin darse cuenta de cómo son, sin hacerse preguntas ni tener ningún interés en las respuestas. Si les hacen pensar demasiado, se cansan, se aburren y se van. Pero tú no eres así, Ícaro. Tú tienes unas alas enormes que te advertí que debías cuidar mucho y mantener siempre limpias y libres de cualquier cosa que pesara en ellas. Pero te olvidaste, Ícaro. Te olvidaste de esto que era tan importante. Podrías haber aportado mucho al mundo y a los demás, pero te olvidaste de quién eres y de todo lo que tenías por aportar. Todo el mundo quiere hablar con los demás, pero son pocas las personas que realmente tienen algo que decir y a quienes los demás escuchan desde el corazón. Y tú tenías ese don, Ícaro. Tú tenías mucho que decir, pero te olvidaste de ti, te dejaste llevar por tu manera de funcionar inconsciente y fuiste permitiendo que tus alas se llenaran de apegos, de necesidades y de miedos. Cada vez te han ido pesando más, y por eso cada vez estabas más cansado. Y mírate, ahora, aquí postrado en la cama sin poder ni siquiera levantarte.

»—¡Ayúdame, por favor!

»—No, Ícaro. Ahora ya es tarde. Te lo advertí, y aun así olvidaste tu misión. Pero de todos modos, tú naciste para enseñarle mucho al mundo, y aunque no lo hayas logrado hasta ahora, aún puedes aportar mucho valor si comprendes lo que debes comprender de esta experiencia que has vivido.

»Ícaro empezó a llorar. Lloró noches y noches hasta que, de repente, un día lo comprendió. Comprendió que lo que le había ocurrido en su vida tal vez inspiraría a otras personas a no dejarse ensuciar o romper sus alas, a no permitir que nadie las llenara de un peso innecesario. Aprendió que para emprender el vuelo y ser capaces de volar bien alto, dirigiéndonos hacia donde más deseemos, cuanto más livianos nos sintamos, cuanto menos nos hayamos apegado o aferrado a otras cosas o personas, más alto llegaremos y más libertad y plenitud sentiremos.

»Cuanto más pesen nuestras alas, más nos costará emprender el vuelo. Cuanto más sucias y dañadas estén, más nos costará desplegarlas. Debemos aprender a peinarlas con suavidad y cariño, amándolas, y acercándonos solo a aquellos que sepan amarlas también. Debemos recordar que somos libres y que siempre estamos a tiempo de emprender el vuelo, pero que si nos olvidamos de nuestras alas y dejamos de utilizarlas, o si las cargamos de peso, nos mantendremos siempre pegados al suelo, nos olvidaremos de la grandeza que nos rodea, perderemos la perspectiva de las cosas, nos desconectaremos de ese vacío tan lleno del que todos venimos, la luz que un día nos iluminaba se convertirá en oscuridad, y lejos de la paz que antaño sentimos, nuestra vida puede llegar a cubrirse de la más profunda tristeza y desamparo.

»Y allí, en esa cama, Ícaro murió dejando escritas en unas hojas todas estas reflexiones.

Después de esas palabras se hizo un silencio muy profundo en esa pequeña habitación. Como si ese señor nos dejara espacio para asimilar cada palabra, cada reflexión y cada emoción abierta de par en par en nuestro interior.

Nos quedamos allí sin poder articular palabra. Pasados unos minutos, cuando pude reaccionar, le di las gracias. Creo que lloré y le dije que jamás iba a olvidar su historia de Ícaro. Era preciosa. Sentí que amaba esa escultura antes de conocer la historia y la amé más cuando me la explicaron. Y no sé de dónde sacó el señor del anticuario su bonita versión, pero sí sé que aún sentí más amor, si cabía, después de escucharla.

Por supuesto, compré la figura y la tengo en mi casa como lo más preciado.

Siempre que la veo me recuerda que en mi espalda tengo pegadas mis valiosas alas. Que debo cuidarlas y no permitir que nadie las dañe jamás. Pero sobre todo que quien debe tratar de no dañarlas soy yo.

De vez en cuando me gusta quedarme a solas y pensar en mis alas. Imagino que las limpio y las peino, y analizo todo aquello a lo que estoy apegada: miedos, necesidades innecesarias, exigencias o penas. Imagino que con cariño y mucha paciencia voy despegando cada una de esas cargas. Liberándolas. Liberándome.

Y sonrío mientras observo desde el sofá a mi precioso Ícaro. Y recuerdo Sicilia, el templo de la Concordia, la bella escultura yaciendo en el suelo y, por supuesto, al Anciano, que cuando nosotros fuimos, tenía un anticuario.

19

UNA VIDA NUEVA

Me aparté de mi vida, de mi mundo,
de mi gente, y al quedarme a solas, conmigo,
de repente la vida se ordenó y puso orden en mí.
Me hice a un lado, quité todas
mis intenciones, y la vida se expresó.

A partir de ese viaje a la montaña, las cosas empezaron a ponerse en su lugar.

Los tres meses siguientes estuvieron llenos de cambios. Me di cuenta de que ya no era feliz en mi relación de pareja y de que, en consecuencia, mi pareja tampoco podía serlo conmigo. Hasta ese momento, ninguno de los dos se había atrevido a aceptarlo, pero así era. Sentí que ya no quería estar más en ese piso al que le faltaba luz y le sobraba humedad. Estaba cerca de la consulta y en una zona perfecta de Barcelona, pero ya no estaba bien allí.

Creo que los que siguieron fueron los meses más duros de mi carrera profesional, porque, además, coincidían con diversos retos que implicaban mucho estrés y dedicación. Aun así, nada me detuvo. Era como si al haberme atrevido a mirar de frente lo que ocurría en mi vida y lo que debía cambiar, ya no podía dejar de ir hacia delante. Ya no había otro camino que el de avanzar hacia donde me indicaba mi sabia intuición.

Fue duro, no lo negaré. Pero ahora que ya estoy al otro lado, que vivo en un ático precioso, luminoso, cálido y nuevo, ahora que he vuelto a conectar y a poner en valor la parte sutil de mi personalidad, y me he comprometido a fluir con la vida en lugar de forzarla, siento una paz, un equilibrio y un bienestar que creo que no había sentido nunca.

Me hice a un lado, quité todas mis intenciones, y la vida se expresó. Me mostró el camino, encendió la luz para que pudiera ver todo aquello que no veía. Me di cuenta de que cuando finalmente ves, ya no puedes esconderte ni taparte los ojos nunca más.

Cuando por fin logras ver, todo cambia y la vida ya no vuelve a ser la misma.

Ahora, cuando me siento en mi sofá y contemplo la figura de Ícaro en la estantería del comedor, siento que el secreto de caminar con éxito en la vida no está en lo alto que logras volar, sino en mantener la sutileza y la sensibilidad de tus alas. En valorarlas, en cuidarlas, en mimarlas y en aprender el arte de volar suave entre los vientos de la vida.

Y aprendí...

Tropecé varias veces y caí...
y con cada caída aprendí
que el amor no espera eternamente,
que si no lo abrazas suficiente,
puede diluirse como la sal en el mar,
como la nieve seducida por el sol que la besa,
o esos sueños ya marchitos que aceptaron perder.

Tropecé muchas veces y caí...
y con cada caída aprendí
que el tiempo es un regalo, que se escapa y te miente,
que la vida va y viene, y viene... y luego se va,
que te quedas sin voz cuando gritan tus miedos,
y que pierdes tu luz si te niegas a ver.

Ese vacío infinito y profundo y oscuro
me envolvió con sus brazos, dejé de creer.

Me perdí, me borré, me alejé del viento
y mis alas, cansadas, ya no querían crecer.

Pero aprendí de nuevo a volar, y a cantar y a sentirme,
y volví a ser feliz, simplemente por ser.

Me quité la venda que ahogaba mis ojos,
que nublaba mis sueños y me hacía perder
esa tela vacía de sol y de vida
que otras manos un día me hicieron poner.

Y volví a brillar... con mi luz más sincera

Y aprendí a vivir... soltando... por fin... el ayer.

TERCERA PARTE:

LA BUENA SOLEDAD EN TU DÍA A DÍA

Tanto si estás viviendo una soledad deseada como una soledad forzada, tanto si vives la soledad estando literalmente solo como si no lo estás, o incluso si no sabes estar solo aun teniendo pareja, mi principal objetivo es que al leer las páginas de este libro, logres descubrir el regalo que te haces al fluir en la soledad y conectar con tu ser, para que desde esa nueva conciencia decidas integrar en tu rutina diaria esas sensaciones que puede que hayas vivido o descubierto con tu despertar interior. La idea es que integres todo eso en diferentes momentos de tu día a día, que vivas una especie de despertar en el que antes de activarte con pensamientos, con el móvil o con diferentes actividades, conectes con tu vida interior y tomes conciencia de cómo vibras por dentro con la vida que contienes. Si consigues hacerlo, e integras durante unos minutos esa vida, a lo largo del día te será más fácil volver a conectar con ella cuando surjan distracciones, podrás entrar en contacto fácilmente con tu interior y conectar con la paz y la serenidad.

Hacer un buen desayuno, cerrar los ojos y sentir cómo la vida vuelve a tu cuerpo después de realizar un esfuerzo intenso o después de un momento muy tenso, vivir con conciencia actividades cotidianas como cocinar, peinarte, maquillarte, caminar hasta la oficina o ir en bus te ayudarán a integrar de forma continua tu conciencia de «ser» hasta que se implemente en tu vida de forma permanente.

20

APRENDER A ESTAR SOLO ES REGRESAR A TI

A fin de superar ese miedo tan frecuente a quedarnos solos, debemos hacer un trabajo de crecimiento interior para conseguir reconectar con nosotros mismos, con nuestra esencia, con nuestra parte más sutil. De lo contrario, no conseguiremos estar en paz en soledad.

Cuando consigues conectar con esa parte de ti desde la que te sientes uno con la vida, encuentras ese espacio en el que todo está bien, en el que eres capaz de disfrutar, de agradecer, de soltar y de elegir lo más adecuado en cada momento. Es un espacio de bienestar, de calma mental y emocional desde el que todos somos más creativos, desde el que fluimos de verdad, desde el que sabemos que no estamos solos y que nunca lo estaremos.

En realidad, para alcanzar ese punto no hace falta seguir los dogmas de una religión determinada ni ser creyente. Se trata simplemente de conectar con la propia vida, de confiar en todo el conocimiento que llevamos dentro, tanto el que hemos acumulado nosotros o como el que hemos heredado de nuestros antecesores. Se trata de confiar, de sentir, de fluir. Cuando uno confía en la vida, es capaz de hallar un espacio de paz en su interior que le acompaña hacia una mayor apertura mental, física y espiritual, y en ese espacio suceden las cosas más maravillosas.

Yo, en la adolescencia, tuve muchos problemas con el tema de la soledad. Al tener una autoimagen y un autoconcepto negativos, el pánico que me provocaba la idea de quedarme sola hacía que me enamorara enseguida de quien me hiciera un poco de caso. Así me fue en aquella época. Pero después, con los años y la experiencia de algunos tropiezos y reconstrucciones forzosas, me di cuenta de lo que ocurría realmente. Lo comprendí.

Siempre había defendido la idea de que es uno mismo quien tiene que esforzarse al máximo para conseguir lo que desea, que el éxito depende solo de uno mismo, que todo depende de uno mismo, de la actitud y de la inversión de tiempo, esfuerzo y dedicación... y ya. En cierto modo, eso es así, no hay duda. Si uno no pone de su parte, si no le pone ganas y se implica, lo más probable es que no llegue muy lejos. Pero con el tiempo y la experiencia me he dado cuenta de que esta aventura de la vida va mucho más allá del esfuerzo que pongamos en aquello que deseamos conseguir. Para comprenderlo, podríamos resumirlo en una frase que ya he mencionado: la vida va de ti y va de amar. Aquello que te ocurre es para ti, para que aprendas y trasciendas bloqueos y limitaciones, para que puedas crecer un poco más y para que aprendas a amar un poco más. Por duro, inesperado o injusto que pueda parecer lo sucedido, siempre sirve para aprender algo. Y ese aprendizaje siempre nos lleva al mismo punto: el amor. Parece simple, y en realidad lo es, pero solo se asimila cuando logra comprenderse el verdadero significado de estas palabras.

Cuando sientes la certeza de que la vida no está aquí para arruinarte los días, sino para que vivas unas experiencias concretas durante el tiempo que tienes asignado para vivirla, todo cambia. Te vuelves más agradecido y menos quejica, más protagonista y menos víctima, disfrutas mucho más de los pequeños detalles, percibes mucho más la bondad y la compasión que te rodean, sonríes más y te llena más la magia de lo inesperado, de las sorpresas bonitas, de los sueños cumplidos, de la suerte no soñada pero siempre bienvenida. Y te sientes más feliz. Pero se trata de una felicidad más plena, más profunda, más completa, más real.

Cuando conectas con tu parte sutil, con la que te conecta con la naturaleza que te envuelve y con la vida, más allá de lo que ves, todo crece, todo cambia, todo se transforma, todo tiene sentido. Entonces, todo, de repente, «es».

Y te das cuenta de que la vida y tú sois lo mismo. De que solo puedes recibir de ella aquello que das, sea bueno, malo o indefinido. Cada paso es una nueva lección y, si te atreves a mirarla con los ojos inocentes del niño que llevas dentro, no dejará de sorprenderte, de iluminarte y de enseñarte infinidad de cosas de ti mismo que hasta ahora no habías sido capaz de ver.

Y tendrás más conciencia y más calma, estarás más presente y lograrás disfrutar más de cada instante, de la compañía cuando la tengas y de la soledad cuando venga a visitarte. Estando cada momento donde corresponde. Escuchando con el corazón cuando alguien te hable y permitiendo a tu corazón que hable cuando necesite expresarse.

Es así como logramos brillar más y con más luz, iluminando el mundo desde nuestra verdadera esencia, esa que también ayudará a brillar a los demás, aportándoles paz, bienestar y la claridad necesaria para que comprendan que la vida va de ellos, que la vida son ellos, que va de amar y que solo lograrán vivirla cuando se permitan sentir y ser sentidos por ella. Que la vida es buena. Que la vida nos ama. Que cuando amamos la vida, esta nos devuelve más amor. Que si tratamos a la vida con cariño, esta nos devuelve cariño.

Aprender a estar solos es aprender a conectarnos con la vida de la que venimos. Aprender a ser uno con ella, con nosotros mismos, con la fuente de nuestro conocimiento, de nuestra sabiduría y de nuestra intuición.

◇◇◇◇◇◇◇

Aprender a estar solo es regresar a ti.

◇◇◇◇◇◇◇

Es cierto y voy a repetirlo una vez más. Para trascender el miedo a la soledad solo hay un camino: regresar a ti. Esta es la herramienta clave, la única que verdaderamente nos ayuda, nos transforma y nos fortalece, la que hace que, de repente, un día todo tenga sentido. Aunque no la comprendas de entrada, aunque no te guste, aunque te genere rechazo, puedo asegurarte que es la única que te ayudará de verdad a hacer las paces con esa soledad amiga, tan y tan necesaria para que logres crecer por dentro.

Ante la pregunta que me hacen tantas veces respecto a «¿cómo supero mi miedo a estar sola?», la respuesta es siempre la misma: «Estando sola». Soy muy consciente de que, aunque parezca simple, para quien tiene que enfrentarse a ello, no lo es en absoluto. Cuando algo te da miedo y sabes con total certeza que se trata de un miedo irracional (es decir, no pone tu vida en peligro), debes enfrentarte a ello una y otra vez, muchas veces, hasta que al final, como ya lo dominarás, te darás cuenta de que ya no te da miedo, o por lo menos, el miedo que sientes ya no es el mismo. Te habrás demostrado el suficiente número de veces que puedes con ello. Con la soledad pasa lo mismo. Cuanto antes te enfrentes a ella y pases tiempo con ella, más rápido empezarás a conocerla mejor y serás capaz de ver los beneficios que te aporta, aquello que consigues hacer, sentir o ver en soledad, a diferencia de cuando no estás solo. Y cuando te das cuenta de esto, puedo asegurarte que ocurre algo increíble. ¡Mágico! Hay que vivirlo. Y es que estar con ella ¡es simplemente estar contigo! Nada más.

Por ello, es necesario trascender los miedos y las resistencias iniciales, agarrar a la soledad de la mano y llevárnosla con nosotros por esos espacios que tanto hemos rechazado. Y es necesario hacerlo desde la confianza plena en nosotros, en ella y en la vida. Y es justo entonces cuando ocurre el milagro. La vida te recompensa.

De repente ves la solución a ese problema al que habías dado tantas vueltas y que creías que no tenía arreglo. Te vuelves más sensible y te salen esos versos que necesitabas entregar para dentro de dos días. Te reencuentras de nuevo con esa pasión que tanto te aportaba y que habías dejado de lado. Comprendes por qué has vivido tantas veces lo mismo, dónde has fallado, qué te faltaba aprender. Llamas a ese viejo amigo y pones fecha para un nuevo encuentro. Pides perdón a tu madre por haberle hablado mal en varias ocasiones. De repente ya no te sientes culpable, sino que te comprendes, te perdonas y sientes que, por fin, de verdad, te amas. Y eso solo puede ocurrir ahí, en ese espacio en el que solo hay sitio para ti, en ese espacio de soledad, el único que te permite regresar contigo. El único que te permite regresar a ti.

21

DESPERTAR, DESPERTAR, DESPERTAR

Despertar significa tomar conciencia y entender todos los condicionamientos que llevamos dentro y que hemos hecho nuestros, que hemos llegado a creer y a defender como si fueran verdades absolutas y que, lejos de ayudarnos a crecer y mejorar, nos arrastran, nos bloquean y nos limitan. Son aprendizajes que llevamos incorporados, fruto de todo lo que hemos vivido. Cada cambio, actuación o conducta de nuestros padres, de nuestros familiares o de nuestro entorno, cada experiencia emocional complicada, cada revés de la vida... todo nos ha ido moldeando hasta convertirnos en la persona que somos.

Despertar significa comprender todo eso. Entender que, en realidad, nuestra esencia no es la que probablemente hemos creído hasta ahora. No nacimos así, con esos miedos, esas creencias y esas conclusiones, sino que se trata de información que hemos ido recopilando a lo largo de nuestra vida. Nosotros somos mucho más que esto. Si nos despojamos de todos los ropajes que llevamos puestos, si nos quitamos todo el peso que cargamos sobre los hombros, nos daremos cuenta de qué es lo que ocurre en realidad. Y allí ya no habrá lugar para el miedo, el sufrimiento o el dolor.

Para lograr ese despertar de la conciencia, a veces hace falta alguien que haga de «activador». Alguien que nos hable de una forma determinada o nos haga unas reflexiones que nos lleven a pensar, a hacernos nuevas preguntas con las que hasta ese momento no habíamos dado. Alguien que nos ayude a ver otros aspectos de nuestro entorno, de nuestra realidad o de la vida que no habíamos visto.

Ese despertar puede activarlo una persona concreta con la que tengamos un día una conversación, o bien un libro que, de forma aparentemente casual, hayamos decidido leer, o bien una conferencia de alguien que nos haya atrapado por completo, o bien una experiencia que nos haya agitado desde la propia base de nuestros cimientos. Da igual. Puede ser un padre, una madre, un amigo, un maestro, un hijo, un vecino, etcétera. Lo importante es que se produzca el despertar. Da igual quién o qué sea lo que lo active y lo ponga en marcha. Al fin y al cabo, unos hacemos de activadores de otros (siempre que estén preparados para ser activados).

A partir de ese momento nos damos cuenta de todos esos aspectos más profundos y trascendentes en los que no habíamos pensado nunca antes. Y entonces puede que realicemos grandes cambios interiores. Quizá empecemos a valorar cosas distintas, a priorizar a otras personas, otros alimentos, otros placeres u otras formas de vida. Quizá modifiquemos algunas de nuestras rutinas o incorporemos nuevos hábitos, y con ello nuestra intuición se agudice, nuestra sensibilidad aumente y nuestra energía se multiplique. Puede que sintamos que empezamos a vivir cada nueva situación de la vida estando más presentes, saboreando mucho más el amor en cada cosa o persona: en cada respiración, en cada rayo de luz, en cada nueva sorpresa, en las notas de una canción, en el tacto de la madera, en el sabor de una comida o en los colores del mar.

Yo creo que a nuestro alrededor hay dos tipos de personas: las que están despiertas y las que están dormidas. Las que se hacen preguntas y no se relajan hasta encontrar las respuestas, y las que simplemente se dejan llevar por la marea y las corrientes, las que van tirando y si les haces pensar demasiado, te dicen que las dejes tranquilas y no les vengas con cosas raras ni tonterías. En otras palabras, hay personas que crecen y otras que se quedan estancadas en el mismo punto hasta el fin de sus días. Hay quienes tienen sueños y van a por ellos y quienes se resignan con lo que tienen, sin más anhelos por delante. Y está bien. No es una crítica.

Quienes no ven más allá, al no ver,
tampoco sufren por ello.

Quienes ven más allá probablemente sientan más vida en su interior y, en función del grado de despertar que hayan alcanzado, incluso pueden sentir que la vida que está en ellos y en los demás es la misma.

De hecho, mientras escribo estas líneas, recuerdo que, después de mi experiencia con la soledad en la montaña, pasé un tiempo reflexionando mucho sobre todo lo que allí había sentido y comprendido. Al cabo de unos tres o cuatro meses de aquello, empezó sesiones una nueva paciente con la que tuve la suerte de poder vivir una experiencia muy especial.

Los psicólogos sabemos que en la consulta hay pacientes que, en la primera sesión, pasados los primeros diez minutos, ya te han explicado toda su vida de pe a pa, mientras que hay otros que durante cincuenta y cinco minutos no han sido capaces de pasar de la adolescencia (a pesar de tener más de cincuenta años). A mí en la primera sesión me gusta que me quede claro qué necesita cada uno y recopilar toda la información que considero importante para poder ayudarle.

Pues bien, al acabar la primera cita con esta señora, no fui capaz de determinar cuántos hijos tenía en realidad, de cuántas parejas distintas eran o qué esperaba de mí. Y mucho menos me quedó clara su situación actual. Acabé agotada. No, mejor dicho, acabé totalmente exhausta. Además, no había quien la levantara de la silla. Creo que yo estaba de pie con la puerta abierta y ella seguía en el sofá, hablando de lo suyo, saltando de un tema a otro, dando detalles que no venían a cuento para nada. Por supuesto, me descuadró toda la agenda de ese día, y, por ser la suya la primera sesión, tuve que tomarme por lo menos tres cafés para poder dar lo máximo de mí a todos los pacientes que venían después (a los que, claro está, atendí con retraso).

Me planteé la posibilidad de que tuviera un posible trastorno, pero veía algo en ella, más allá de esa incansable verborrea, que me conectaba con algo más. Algo en ella me conectaba con una empatía muy profunda y con la compasión.

Ya en la segunda sesión le dejé claro que la iba a cortar y a reconducir el tema las veces que hiciera falta porque no quería que se fuera sintiendo que venía a verme y solo hablaba ella (cosa que puede pasarles a ese tipo de perfiles).

Cuando salió de las siguientes dos sesiones, veía en sus ojos su necesidad de ayuda, aunque era incapaz de pedirla de una forma clara y ordenada.

Un día, tras irse, me quedé pensando en todo lo que he expuesto en este libro y traté de utilizarlo. Me di cuenta de que la vida que había en mí era la misma vida que habitaba en ella y pensé que si trataba de hablarle desde esta vida que las dos compartimos, tal vez lograría un cambio interno más fuerte en ella. Tenía que ser algo que calara más hondo, ya que, de lo contrario, mi mensaje se quedaría en la superficie, atascado entre todas las palabras que soltaba sin orden ni coherencia aparente.

Y entonces ocurrió. No recuerdo exactamente cómo fue la conversación que tuvimos, pero sí recuerdo que traté de conectar con esa parte de vida dentro de mí y le hice algunas preguntas con las que, hablándole de corazón a corazón, como por arte de magia, se detuvo. Se calló. Se quedó en silencio y conectó. Y al conectar, me expresó justo lo que yo estaba buscando, lo que yo necesitaba para poder ayudarla, lo que ella misma, sin saberlo, trataba de evitar con tanta verborrea. Y salió todo ese sufrimiento, toda esa fuerza que había tenido que sacar para seguir adelante, su profunda compasión y su sed incansable de amor y reconocimiento. Era como si hubiéramos conseguido que se detuviera y se observara. Habíamos conseguido que se produjera en su interior el despertar que tanto necesitaba. Fue un despertar con el que primero logró poner luz y, después, poner orden, y con ello consiguió comprender.

Y de ahí vinieron todos los cambios que necesitaba. Al identificar y atreverse a observar sus propios miedos, pudo utilizar su inmensa fuerza para enfrentarse a ellos, para trascenderlos y abrazar de verdad la soledad. Se dio cuenta de que ya no le daba miedo, de que había dejado de rechazarla y de que lejos de temerla, incluso la deseaba. Su relación consigo misma cambió porque cambió la forma en la que se miraba.

Sin duda, fue una experiencia mágica que me animó a trabajar más veces desde esa parte más profunda en la que conectas con la otra persona desde una mayor capacidad de transformar.

22

SUPERAR LA VERGÜENZA TÓXICA

En la primera parte del libro hablaba de la vergüenza que sienten muchas personas al ser abandonadas por sus parejas; es algo que ellas no desean y que tratan de evitar a toda costa. Esta vergüenza puede ser muy dañina para estas personas, ya que, si no la controlan y no la reconducen correctamente, se pueden autodestruir.

Debemos darnos cuenta de que cuando sentimos vergüenza, es porque de alguna forma nos sentimos vulnerables, y la vulnerabilidad jamás es sinónimo de debilidad, sino todo lo contrario.

Mostrarnos vulnerables es poner de manifiesto nuestra fortaleza, porque hay que ser muy fuerte y muy valiente para asumir o aceptar que hemos sufrido, que lo hemos pasado mal o que lo estamos pasando mal.

No se trata de ir de víctimas por la vida, sino de aceptar que todo tiene su proceso y que, a veces, ciertas experiencias requieren pasar por espacios en los que no nos sentimos cómodos o no estamos muy a gusto. Espacios en los que podemos pasarlo realmente mal, y en los que no es necesario fingir ni pretender dar una imagen que no se corresponda con lo que estamos viviendo o sintiendo.

Mostrarnos vulnerables es atrevernos a ser nosotros mismos con lo que sea que estemos viviendo. Es salir a la calle y decir: «Estoy mal, me siento mal, me siento abandonado, tengo miedos y lloro cada noche. Me da vergüenza que me veáis así, me siento débil por llorar delante de vosotros, pero aun así lo hago». Y como decía, eso no es hacerte la víctima. La víctima lo hace para dar pena y así, temporalmente, reclamar atención y cariño. Pero quien se atreve a mostrarse vulnerable, a mostrar la vergüenza que siente, sin hacerlo desde el victimismo, tiene esta actitud: «Estoy fatal, pero al mismo tiempo comprendo que muchas personas han vivido lo mismo que yo y se han sentido igual de mal, y luego lo han superado y han sido capaces de rehacer sus vidas y de ser felices de nuevo. Y entiendo que lo más probable es que yo también lo consiga, pero esto no quita que ahora me sienta así».

Esa es la actitud de la persona que crece cuando es el momento. Que se toma su tiempo para sentirse mal, pero sabiendo que el objetivo no es quedarse allí, sino salir de ese espacio. Estar allí un tiempo es bueno e incluso necesario, pero quedarse demasiado tiempo es totalmente dañino y contraproducente.

Ejercicio para superar la vergüenza

A continuación te propongo algunas pautas que te vendrán bien para superar la vergüenza que tal vez sientas en este momento.

Observa qué provoca tu sensación de vergüenza. ¿Qué te dices a ti mismo? Tal vez te estás machacando porque te has creado unas determinadas expectativas (con tu relación actual de pareja, con la familia que habías creado, con tu familia de origen, con tu trabajo, con tus amigos, etcétera) que no se han cumplido y, por ello, ahora sientes vergüenza. Tal vez has tratado de proyectar una imagen ante los demás que ahora no vas a poder mantener o materializar y eso te supera. Tal vez esa vergüenza hace que ni siquiera seas capaz de llamar a nadie o de salir a la calle.

Pregúntate lo siguiente: ¿Eran realistas esas expectativas? ¿Eran posibles o estabas haciendo castillos en el aire y, en realidad, a tu alrededor todo el mundo veía que no eran coherentes con la realidad? (Y no estoy hablando de que seas o no capaz de conseguir lo que te propongas, sino que, simplemente, a veces tenemos unas expectativas que por varios motivos no son realistas y, por ello, no hay forma de cumplirlas. Cuanto antes lo veas, menos te lastimarás al seguir intentándolo sin éxito.)

Las expectativas que tenías, eso que querías conseguir y que tal vez ya tenías y ahora has perdido, ¿era algo que realmente deseabas tú o era más bien lo que otras personas esperaban de ti? Muchas veces la vergüenza viene más por lo que dirán la familia o los amigos que porque de verdad sea algo importante para nosotros aquello que hayamos perdido o que haya cambiado.

Cuando identifiques qué es lo que te produce la vergüenza que sientes, elige a alguien de tu entorno, alguien cercano en quien confíes totalmente y que te dé seguridad. Cuéntale lo que te ocurre, lo que te pasa por dentro, compártelo con sinceridad y apertura. Si lo reconoces y lo expresas, te sentirás mucho mejor y ayudarás a que otras personas comprendan lo que te pasa y puedan empatizar contigo. Te sentirás menos solo y menos aislado.

Por lo tanto, para convertirte en una persona más resiliente a la vergüenza, debes tratar de priorizar lo siguiente:

- Ser consciente de esa vergüenza y analizarla. Ver de dónde proviene y por qué la tienes.

- Expresar eso que te avergüenza y hablar de ello con alguna persona de confianza con quien te sientas seguro y sepas que no te va a juzgar ni a lastimar.

23

TRATARTE BIEN

Quizá te estés enfrentando a la soledad porque consideras que has cometido algún error importante. Y puede que tengas razón. Pero ¿sabes qué? Una cosa es que seas consciente de ello, lo aceptes y lo asumas, y otra muy distinta es que te machaques y te maltrates por ello. Eso sí que no debería suceder y no está bien.

Si quieres crecer y trascender tus miedos y creencias limitantes, debes darte cuenta de que los juicios negativos que te haces no te aportan absolutamente nada positivo. Nada. Al contrario, te hacen daño y te destruyen cada vez más. Si, por el contrario, aprendes a perdonarte, experimentarás una transformación que no imaginas. Debes perdonarte igual que perdonarías a un amigo, a un hijo o a un ser querido que se ha equivocado en algo. Tal vez te des cuenta de que hubieras podido evitar la situación en la que te encuentras ahora. Tal vez. Pero en este mundo nadie nace enseñado. Todos nos equivocamos, y así es como logramos aprender.

¿Te sientes mal por algo que has hecho o que te ha pasado? Pues te recomiendo que te detengas, dejes de hablarte mal y sigas los tres pasos siguientes:

1. Enfréntate a tus resistencias, sé valiente y ábrete. Acepta lo que te ocurre y lo que te hace sentir. No lo niegues. No lo escondas. Simplemente acéptalo, dale cabida, déjalo estar ahí. Abraza esas emociones, sean las que sean, y verás como algo cambia de repente.

2. Habla contigo al igual que lo harías con alguien a quien realmente amas. Pregúntate: «¿Eso que me digo, de la forma en la que me lo digo, se lo diría a otra persona? ¿Sería capaz? ¿Me atrevería? ¿Lo diría exactamente así?». Si tu respuesta es negativa, tienes un problema. Hay algo que estás haciendo muy mal y que puede tener consecuencias muy negativas para ti. Trátate bien, por favor, con mimo, con cariño, con amor. Solo así lograrás la paz y el bienestar que buscas en tu vida.

3. Ten muy presente y repítete si es necesario lo siguiente: «No soy lo que me ha sucedido, sino lo que yo elijo ser». No eres tu historia ni lo que te ha pasado. Simplemente eres lo que tú quieras ser a partir de la actitud que adoptes. Es así de simple. Cada uno decide y actúa en consecuencia, y luego le ocurren una serie de cosas a partir de ahí.

¿Qué decides tú?

24

HACER Y CERRAR CORRECTAMENTE PROCESOS DE DUELO

Debemos aprender a superar de forma sana las rupturas, haciendo un proceso para cicatrizar bien las heridas y recuperar la autoestima, evitando salir a la calle de inmediato a buscar a otra persona que llene ese vacío que ha dejado la pérdida. Un proceso de duelo correcto implica pasar por una serie de etapas que nos permitan sanar poco a poco la herida y el dolor que sentimos a causa de la pérdida. Implica ir recuperándonos a un ritmo natural, a un ritmo correcto, y que cuando lleguemos al final del túnel, nos sintamos fuertes y serenos, pero, sobre todo, mucho más seguros, conscientes de lo que queremos, a sabiendas de que, si lo conseguimos y en algún momento lo perdemos, no ocurrirá nada porque, en realidad, no lo necesitamos.

En realidad, todas las personas que tenemos cerca y las cosas que vamos consiguiendo y acumulando a lo largo de nuestra vida no nos pertenecen. Aunque a veces eso nos parezca raro, es así.

Todo cuanto tenemos lo tomamos prestado de la vida, pero nada nos pertenece, nada en absoluto. Más tarde o más temprano vamos a tener que devolvérselo. En realidad, todo es muy efímero.

Sin embargo, eso es algo que no vemos o no queremos ver. Creemos que nuestra pareja es nuestra, que nuestro trabajo es eterno y que nuestra situación económica siempre va a ir a mejor. Pensamos que nuestros amigos nunca nos van a fallar y que nuestros familiares estarán para siempre. Pero no es así. El día menos pensado, la vida te arranca de la cama y te pega un revés tan fuerte que te sacude desde lo más profundo de tus entrañas. Y pierdes cosas, y desaparecen personas, o tal vez te lo quita todo. Y en función de lo consciente que seas de que eso no te pertenecía, sufrirás más o menos, el dolor de la pérdida durará más o menos y, atravesarás el duelo con más o menos peso cargado en los hombros.

Está claro que nadie está preparado para las pérdidas. Podemos ser conscientes de que nada nos pertenece y, aun así, cuando muere un ser querido o un día, sin esperarlo, nuestra pareja nos dice que se va porque ya no quiere seguir a nuestro lado, nos sentimos como si se nos fuera la vida con ellos, como si ya nada tuviera sentido, como si nuestras ganas de vivir se diluyeran de repente, sin más. Pero también es cierto que se trata de un proceso del que sabemos que podemos reponernos, en el que podemos reconstruirnos y ver la vida de otra forma, con otros ojos, con otras ganas y con otros objetivos y expectativas.

Hacer un correcto proceso de duelo implica llegar al punto en el que logramos sentirnos bien de nuevo, en el que agradecemos lo vivido porque nos ha regalado más fuerza, más conciencia y más madurez. Implica comprender que aquello que se va nos deja unas lecciones que hay que aprender, nos deja espacio para que elijamos otras cosas nuevas o a otras personas que encajen con quienes somos ahora, después de los golpes y las caídas. Si lo hemos hecho correctamente, ahora seremos más maduros, más fuertes y más conscientes.

Eso no significa que no podamos venirnos abajo puntualmente, que no podamos derrumbarnos en algunos momentos, dejarnos caer en el pozo sin fondo de la tristeza más absoluta, o sufrir, atrapados por esa pena oscura y vacía de quien hemos dejado atrás. Nos pasará; es fácil que eso ocurra. Pero que suceda no significa que no estemos avanzando en nuestro proceso de duelo. Lo importante es que seamos conscientes de que esos picos suceden cada vez con menos frecuencia, de que son cada vez más aislados y menos intensos, y de que una vez superados, volvemos a la calma, a la paz, a las sonrisas sinceras y a las ilusiones, por fin descongeladas, que habitan nuestro corazón.

Hay personas que a causa del dolor que les ocasiona esa pérdida quedan atascadas en la negación de lo que ha sucedido. Como si en su interior trataran de convencerse de que aquello no ha ocurrido en realidad. Eso evita que conecten de forma directa con el sufrimiento desgarrador de lo que ha sucedido, aunque está claro que, en el fondo, lo único que hacen es optar por el autoengaño. La negación es una fase habitual, pero no podemos quedarnos atrapados en ella. Para recuperarnos y volver a conectar con las ganas de vivir es imprescindible que transitemos por cada una de las etapas del duelo: la negación, la rabia, la tristeza y la aceptación.

También hay quien queda atrapado en la rabia, insultando o despotricando sin descanso sobre los supuestos culpables de ese suceso. No se dan cuenta de que no hay culpables, de que es una experiencia más que la vida nos ofrece para aprender, para crecer y para ser más sabios. Nos guste o no, al fin y al cabo eso no depende de nosotros, así que no nos queda otra que seguir caminando hacia esa aceptación tan liberadora.

Otras personas pueden atascarse claramente en la tristeza, una fase que identificamos mucho con los procesos de duelo. Nos vemos presos de una profunda tristeza insoportable, destructiva, limitante. Podemos caer en una depresión o simplemente sentirnos muy deprimidos. Dejamos que las cosas nos ocurran, sin tomar partido, paralizados, como si hubiéramos puesto la pausa en una película que sigue avanzando a nuestro alrededor, mientras nosotros estamos ahí, detenidos, inmovilizados, sin apenas parpadear. No tenemos fuerzas y, mucho menos, ganas, pero también aquí, en esa fase, debemos trascender la presión de esa emoción paralizante y no dejar de dar pasos al frente. Aunque cueste un mundo, aunque no tengamos ganas, aunque no queramos, debemos seguir dando pasos al frente. Aunque lo hagamos por inercia, agarrados de una mano amiga, confiando en la vida. Hay que seguir dando pasos al frente. Así, si lo hacemos aun sin ganas, llegaremos a la última fase, la que realmente nos permitirá volver a conectar con las ganas de vivir: la aceptación.

Aceptar nos libera, mientras que el rechazo crea obsesión. Esto ocurre con todo. Cuando doy alguna conferencia sobre la autoestima, suelo hablar de esto. Explico que cuando alguien rechaza una parte de su cuerpo (esto ocurre mucho en las mujeres), ese es el primer lugar adonde se le van los ojos cuando se mira al espejo. Y no precisamente para reconocerse o animarse, sino todo lo contrario, para criticarlo y menospreciarlo. Cuando alguien nos abandona y desaparece, ¿qué nos ocurre? No lo aceptamos y nos obsesionamos más con esa persona. Quedamos atrapados en algún bucle del tipo: «Pero ¿por qué?», «Esto no puede ser, debe de ocurrirle algo», «En realidad me quiere, no puede ser que no sienta nada», «Tengo que encontrarle donde sea», «Me ha bloqueado, pero voy a insistir por SMS (o voy a descubrir su cuenta de correo, o voy a esperarle al salir del trabajo)»... Cuando entramos en esos bucles, es muy difícil que nos saquen de ahí.

Y, por supuesto, cuando rechazamos que estamos en un proceso de duelo y que no nos queda otra que transitarlo e ir atravesándolo, también nos obsesionaremos más con lo que ha pasado, quedaremos más atascados en los porqués y en los «esto no puede ser verdad, no puede haber pasado», lo cual no nos permitirá llegar lo antes posible a la aceptación.

Ya lo he comentado antes, pero la obsesión o la necesidad de encontrar a alguien que sienten algunas mujeres, lo único que consigue en realidad es apartar a los hombres. En las sesiones siempre les digo lo mismo a mis pacientes: «Si quieres encontrar, ¡deja de buscar!». Se desesperan de tal forma que hacen imposible que haya ningún buen final en sus siempre prometedoras historias de amor.

La desesperación nos aleja de la cordura, de la claridad, de nuestra parte racional y de nuestro buen criterio.

Y hace que se nos vea venir de lejos, como si lleváramos un cartel en el que pusiera «estoy desesperado/a», lo cual, como puedes imaginar, no resulta demasiado atractivo. Deja de buscar, relájate, distráete, no te preocupes más por este tema y la persona aparecerá. Se trata simplemente de que estés abierto a conocer gente nueva, a ir a sitios diferentes, a socializar. Ábrete a conocer y a descubrir, pero sin el afán oculto y siempre presente de que tal vez será esa la persona que te salvará de ese oscuro agujero en el que te encuentras. ¡Ama la vida y vívela con apertura y confianza! Verás que, de esa forma, empezarán a sorprenderte muchas cosas maravillosas.

En definitiva, después de cada cambio que vivamos, de cada pérdida que experimentemos, es inevitable pasar por un proceso de duelo. Ser capaces de llegar a la aceptación será lo que nos libere de permanecer atrapados en la prisión de la desesperanza y la desilusión. La aceptación nos permitirá llegar al final de ese túnel, y volveremos a sentirnos dichosos y agradecidos por todo lo que la vida tiene preparado para seguir sorprendiéndonos y alimentando nuestras ganas de vivir.

25

ENTENDER LAS REDES

No imaginas la cantidad de personas que he conocido que por las redes sociales tienen un montón de seguidores y tratan de dar una imagen determinada, de mostrar un estilo de vida concreto, un nivel de felicidad óptimo y un éxito total, pero cuando los ves de cerca, te das cuenta de que su realidad no tiene nada que ver con ello. Es muy triste. Y hablo de personas de muchos ámbitos diferentes.

Se aferran a esa imagen que proyectan y se alimentan del reconocimiento que reciben de quienes les admiran porque querrían ser como ellos. Bueno, querrían ser como lo que ellos transmiten que son, aunque en numerosos casos no sea así. Es algo que siempre me ha parecido muy triste, pero que debo admitir que sucede mucho. Al principio me sorprendía, pero con el tiempo ya me he ido habituando, aunque no deja de entristecerme, la verdad.

Y es que, si pienso en ello, me doy cuenta de que, de nuevo, todo va ligado a la soledad. Todo pasa por el mismo filtro. Por el miedo a quedarnos solos, a sentirnos abandonados, a que no quieran estar con nosotros, a desaparecer para los demás o, peor aún, a convertirnos en personas corrientes, transparentes. Cuantos más «amigos» o seguidores tenemos, más acompañados nos sentimos. El hecho de que nos respondan y nos hagan comentarios nos hace sentir que nos ven, que existimos, lo cual está altamente cotizado en una sociedad como la nuestra, en la que cada vez vamos más por el mundo faltos de conciencia y sobrados de estrés.

Personalmente, no tengo nada en contra de las redes sociales. Al contrario, me encantan. Y aunque yo las utilizo en el ámbito profesional, soy consciente de que ayudan a la gente a estar en contacto. Pero debemos ir con cuidado, ya que la línea entre socializar y volvernos dependientes del reconocimiento de los demás a través de las redes es muy fina y delgada.

Nuestro contacto con los demás no puede depender únicamente de las redes sociales. No debemos creer todo lo que los demás nos muestran, y nos iría mejor si tratáramos de tener cierto criterio a la hora de elegir a quién seguir. Deberíamos preguntarnos por qué seguimos a ciertas personas, si es para aprender algo (ya sea comer mejor, realizar cierta actividad física, adoptar una nueva forma de pensar o de enfocar lo que nos ocurre, etcétera) o es simplemente para desconectar del ruido interno que escuchamos cuando nos encontramos solos y, en ese caso, cualquier cosa nos va bien. Cuando nos abrimos a cualquier perfil que, lejos de inspirarnos en algún aspecto o área, nos hace sentir mal, nos estamos equivocando.

Algunas personas se sienten mal porque envidian a aquellos a los que siguen; sienten envidia de lo felices que se ven o del tipo de vida que tienen. Y como te digo, en muchos casos, eso que reflejan ni siquiera es cierto, no tiene nada que ver con su realidad. Pero como los seguidores no lo saben, les envidian y se sienten desgraciados por no poder tener lo mismo. Se trata de casos que no se van a llevar bien con la soledad, y si se ven obligados a quedarse con ella, es probable que se depriman o que se hundan con mucha facilidad.

La conciencia y nuestra capacidad para observarnos, hacernos preguntas y despertar nos serán de grandísima ayuda para trascender situaciones tan habituales como esta. Además, evitará que entremos en esa misma rueda y empecemos a mostrarnos de una forma que no somos para que los demás piensen o digan cosas de nosotros que nos hagan sentir bien.

Por otro lado, si eres tú la persona que se siente identificada con estas descripciones, si sientes que necesitas subir de forma constante fotos, imágenes o determinado material para que los demás tengan una idea concreta de ti, para que te admiren o para que incluso te envidien y así te alaben, te reconozcan o te piropeen, probablemente tengas un problema de autoestima.

A menudo incluso se cuelgan fotos que muestran una realidad un poco «tuneada» y mejorada con Photoshop u otra aplicación, de forma que cuando luego alguien conoce de verdad a la persona que las ha colgado y se muestra un poco decepcionado o menos interesado, esa persona se hunde y se deprime profundamente.

Este tipo de personas que suelen tener considerables altibajos emocionales son bastante inestables y les cuesta mucho disfrutar o sentirse verdaderamente satisfechas. Para cambiar esto es necesario (o incluso me atrevería a decir, imprescindible) hacer un proceso para fortalecer su autoestima y que comprendan desde su parte más profunda qué es lo que les ha llevado a convertirse en quienes son y quién es la persona que hay debajo de esa fachada aparentemente tan admirada por cientos de personas, excepto por ellos mismos.

Por otro lado, también me gustaría hablar de las páginas de contactos, esas que son para encontrar pareja y que, si bien de entrada no tienen nada malo, si no se utilizan bien, pueden acabar teniéndolo. En la consulta he tenido muchos casos de personas que se conocen a través de esas páginas, se enamoran y parece que todo va viento en popa. Todo es fantástico y están encantadísimas con ese perfil que han encontrado; les parece un sueño hecho realidad. Pero al poco tiempo se enteran de que esas otras personas siguen dadas de alta en esa red de contactos. Sorprendente, ¿verdad? Bueno, si no te sorprende, debería sorprenderte. Sobre todo si los dos han dejado claro desde un primer momento que están buscando una relación basada en el compromiso y la fidelidad. Aunque se estén conociendo, si ambos buscan (en teoría) algo serio y exclusivo, está claro que ninguno de los dos debería seguir entrando en una página de contactos cuyo fin es charlar, tratar de ligar y, en última instancia, quedar en un plano real.

Sin embargo, ¿por qué se hace en tantos casos? Son muchas las personas que me explican sorprendidas que estando claramente bien, han descubierto, después de ciertas sospechas, que su nueva pareja seguía estando en la red y, encima, de forma activa. No saben si deben hablarlo o no, si eso es correcto o no, si deben tratar de comprenderlo o si deben poner un límite. No se dan cuenta de que, ante todo, están sufriendo con esa situación, de que la otra persona las está haciendo sufrir con su conducta, lo cual ya es de por sí claramente dañino y no debería estar pasando. Eso es algo que ya va con los valores de cada uno, y son aspectos en los que siempre deberíamos coincidir, en los que siempre deberíamos pensar igual, ya que, de lo contrario, el sufrimiento está asegurado.

Si decidimos hablarlo porque no nos parece bien, no deberíamos aceptar ninguna justificación al respecto. Ningún argumento es coherente en una situación así. Por otro lado, el hecho de darnos cuenta de esta actuación y conducta de nuestra nueva pareja nos da muchísima información sobre cómo es, cómo piensa y cómo actúa. ¿Admiramos a alguien que actúa así?

No olvidemos nunca que en una relación, si no hay admiración, no hay una base sana para que crezca el amor de pareja.

Sin duda, darnos cuenta de esto nos producirá dolor, pero más dolor nos causará seguir al lado de alguien que ya al principio nos muestra que encuentra normal y correcta esta forma de actuar y que actúa así de forma habitual.

26

POTENCIAR EL VALOR DE LA AMISTAD

Ahora ya tenemos claro que estar solo o sin pareja no es sinónimo de estar solos en el mundo, ni muchísimo menos. Al contrario. Cuando tenemos pareja, esta ocupa una parte muy importante de nuestro tiempo libre, ya que compartimos actividades, charlas, cenas, descanso y complicidad; nos damos apoyo y cariño, nos nutrimos mutuamente (siempre que se trate de una relación sana, claro está). Así que cuando no la tenemos, debemos suplir esa parte de actividad social. Y cuando hablo de actividad social, no me refiero a salir de noche o a ir de copas por ahí, aunque esto también es posible. Se trata de algo más sencillo. Se trata de tener personas con quienes hayamos creado una conexión emocional para poder compartir nuestro tiempo y nuestros días, cuando lo deseemos.

Debemos aprender a estar solos, a ocuparnos de nosotros, a cuidarnos y a tratarnos bien, a atender nuestras necesidades más importantes, pero también es imprescindible que aprendamos a buscar a otras personas con quienes compartir nuestros anhelos, nuestras inquietudes, nuestras aficiones, nuestros miedos, nuestras alegrías y nuestras frustraciones. Hablar es muy terapéutico, nos permite sacar aquello que nos pesa por dentro. Nos permite poner palabras al ruido interior que provocan algunas de nuestras emociones para así ordenarlas, limpiarlas, despojarlas de los añadidos innecesarios y volver a colocarlas en el sitio que les corresponde, quedándonos mucho más tranquilos y regresando a un estado de paz muy necesario.

Cuando hablamos con alguien con quien nos sentimos seguros porque sabemos que no nos va a juzgar, a criticar o a condenar, cuando sabemos que, digamos lo que digamos, no nos señalará con el dedo, sino que tratará de aliviar nuestro dolor con más palabras, con un abrazo o simplemente con un silencio, cuando esto sucede, tenemos un regalo de un valor incalculable. Allí hay amor.

Y es que en la amistad siempre hay amor.
Y como hay amor, hay bondad. Y compasión.
Y disposición total a estar allí siempre que
lo necesitemos. Eso es un amigo.

Y es muy necesario tener amigos. Aunque sea uno. Y si es alguien que está en una situación parecida a la nuestra, mucho mejor. Si es alguien que ha aprendido a estar solo, que se ha enfrentado a alguna pérdida o a alguna ruptura, mucho mejor. No es algo imprescindible, pero cuanto más parecida sea nuestra situación actual, más tendremos en común y más tendremos por compartir juntos. Más acompañados nos sentiremos, así como más llenos, fuertes e ilusionados.

Si podemos compartir salidas, alegrías, penas y charlas, tenemos un tesoro increíble. Puede que tengamos diferentes tipos de amigos. Quizá con algunos solo salgamos o juguemos al pádel, pero al no tener los mismos valores, no los elijamos para explicarles según qué cosas que nos ocurran. Y quizá a otros amigos les contamos todo, pero no salimos de fiesta con ellos. Debemos ser capaces también de apreciar el valor de cada uno de ellos, saber lo que nos aportan y darles la importancia que tienen. Conectar con la gratitud y demostrarles que son importantes para nosotros, que pensamos en ellos y que estamos allí también para cuando nos necesiten.

Hay personas que, cuando quedas con ellas, solo hablan de sí mismas, aunque no se dan cuenta. Quedas porque necesitas hablar de algo, porque tal vez te has separado, y te das cuenta de que cuando ya lleváis por lo menos una hora sentados a la mesa de la cafetería, te pregunta: «Bueno, qué, ¿y tú cómo estás?». Y te quedas ahí, pasmado, casi con la boca abierta, y solo te dan ganas de decirle: «Pues mira, con muchas ganas de irme».

En definitiva, debemos sentir que tenemos la agenda activa y llena en la medida que lo necesitemos, porque eso activará de nuevo la ilusión y la necesidad de organizarnos, y al ir conociendo a otras personas en el marco de esas actividades, iremos viendo como esas nuevas relaciones se van volviendo cada vez más estrechas.

Cuando uno se enfrenta a una ruptura y se queda solo, puede que tenga una red de amigos, pero en muchos casos puede que no. Si no los tiene, debe esforzarse por salir, por hacer y por hablar, porque así se irá sintiendo cada vez más él mismo, se irá recuperando a sí mismo, al que era antes de todo aquello, sin tener que aparentar, o sin los nervios de cuando aún no tienes confianza con alguien, entonces todo empieza a encajar y uno siente que todo vuelve a valer la pena. Sí, sí, ¡a pesar de no tener pareja!

Hay muchos tipos de amor, y el que nace de los amigos y hacia los amigos es uno de los más importantes y valiosos que existen.

27

EL PODER DE LA ESCRITURA

En el capítulo anterior hablábamos de lo terapéutico que es hablar con alguien. Pues bien, para algunas personas, escribir lo es igual o más.

En mi libro *Cien días con Silvia,* trato de compartir y ayudar a tomar conciencia de la importancia y el valor que tiene la escritura en nuestra vida. El poder de las palabras escritas es realmente infinito y no nos imaginamos hasta qué punto el ejercicio de escribir aquello que sentimos y llevamos dentro puede llevarnos a sanar nuestras heridas más profundas.

Cuando uno está mal por cualquier motivo, siempre siente y conecta con emociones que le generan incomodidad: culpa, rabia, frustración, incapacidad, arrepentimiento, impotencia, desesperanza, tristeza, pena, etcétera. Se trata de emociones que debemos ser capaces de trascender. Es decir, deberíamos poder mirarlas a la cara (por mucho que eso duela) y decirles algo así: «Sí, lo sé, tal vez me equivoqué. Probablemente, si ahora tuviera la oportunidad de vivir de nuevo esa situación, tomaría esta otra decisión o haría esto diferente, pero ya pasó. No puedo cambiar el pasado».

Para poder crecer y aprender de nuestros errores, debemos ser capaces de aceptar que nos hemos equivocado, sabiendo que somos humanos y que es justamente cada error lo que nos da la oportunidad de crecer y hacernos más sabios y más fuertes.

◇◇◇◇◇◇◇

Equivocarnos está bien, es parte del juego
de la vida, y no pasa nada.
Podemos seguir jugando.
Tenemos derecho a seguir jugando.

◇◇◇◇◇◇◇

Debemos seguir jugando, porque así es como se nos abrirán nuevas opciones y podremos perseguir nuevos sueños que nos ilusionen de nuevo, pues seremos más maduros y tendremos más experiencia. Y si decidimos caminar con los ojos y el corazón abiertos y receptivos, probablemente nos daremos cuenta de que se acercarán a nuestra vida personas también maduras y curtidas, personas que nos aportarán más luz y menos penas, más paz, más ilusión, más ganas de vivir... más vida. Más vida de esa que desea ser vivida por ti, en ti, para siempre.

Soy consciente de que hay personas a las que les resulta muy fácil sentarse con un ordenador en las rodillas, o con una libreta y un boli, y ponerse a escribir. A mí, por ejemplo, me ha pasado desde adolescente. Cuando estaba mal, cuando me sentía incómoda, triste, angustiada o deprimida, era como si tuviera un peso dentro de mí que solo podía aliviarse si me aislaba con mi libreta y me ponía a escribir. No me costaba, las palabras me salían solas. Era como si me sumergiera en un proceso creativo del que apenas era consciente, y por unos minutos dejaba de ser yo. Fluía. Expresaba aquello que necesitaba sacar de mí y, al acabar, era como si saliera de un trance y me sentía mucho mejor, más desahogada, más liviana, más libre.

Hay personas a las que les costará más hacerlo. Les costará encontrar el momento, no sabrán cómo empezar el texto, se distraerán. Sin embargo, tengamos práctica o no, lo hayamos hecho antes o no, seamos conscientes o no de lo terapéutico que es, todos sabemos escribir. Todos somos capaces de hacerlo. Se trata simplemente de empezar. Podemos empezar con un «me siento...» o con un «hoy lo que siento es...» y dejarnos llevar por aquello que nos despierten nuestras emociones. Es un ejercicio que podemos hacer para soltar algo que nos haya pasado recientemente y nos pese dentro porque nos cuesta dejarlo ir, o algo con lo que hayamos cargado desde los inicios de nuestra vida, o algo que nos sucedió en algún momento del pasado.

Algunas personas utilizan la escritura para liberarse de experiencias traumáticas muy duras que vivieron en algún momento de la infancia. Al principio es arduo, nos cuesta, no queremos, nos genera incluso rechazo. Sin embargo, he podido comprobar con muchos pacientes que, si se proponen hacerlo cada día como una tarea obligatoria, al cabo de unos cuantos días conectan con emociones totalmente distintas al recordar ese suceso. Se han liberado. Ya no sienten lo mismo que sentían antes de hacer el esfuerzo de ponerlo por escrito.

Insisto en que muchas veces no queremos ni plantearnos esta tarea porque implica recordar o volver a situaciones o momentos muy desagradables y especialmente duros. Pero debemos planteárnoslo como un ejercicio para crecer, para fortalecernos y para liberarnos de unas cadenas a las que ya no queremos seguir atados.

Otras veces, quizá no sintamos la necesidad de liberarnos de ningún capítulo de nuestro pasado, ya que hemos crecido con armonía, amor y sueños por cumplir, pero tal vez estemos en un momento vital complejo debido a una pérdida o a un cambio inesperado e indeseado de la vida. En estos casos se trata de escribir sobre lo que sentimos, lo que pensamos, lo que estamos viviendo. Tal cual. No hace falta que lo hagamos poético, armónico ni con rimas. El ejercicio no va dirigido a ganar un premio literario. Simplemente se trata de expresar lo que sentimos, sin más, de ponerle palabras y extraerlas de nuestro interior para poder verlas y tocarlas si hace falta. El simple hecho de ponerlas en un papel es muy sanador y liberador.

Te recomiendo que compres una libreta o un bloc que vayas a destinar únicamente a escribir lo que sientes. Elige una libreta que te guste, que tenga algo especial para ti. No tiene por qué ser la más cara de la librería, pero sí tener algo que te llegue muy adentro, que al verla conectes con ese sentimiento de decir: «Esta es la que quiero». Es importante que vivas como algo especial incluso la elección de la libreta. Será como ese amigo íntimo al que recurrirás cuando estés mal, ese en quien confiarás al cien por cien para expresarle cualquier cosa que sientas, sin que eso te conecte con ningún miedo a ser juzgado ni criticado.

Irás descubriendo una parte de ti con cada nueva palabra que escribas y con cada nueva página que llenes con tus emociones, miedos y deseos más profundos.

28

VIVIR SOLOS

Vivir solo es una experiencia interesantísima, una vivencia muy transformadora, constructiva y necesaria para aquellas personas que se sienten atrapadas por las cadenas del miedo a la soledad. Su importancia radica en que es una experiencia que nos permite aprender a estar con nosotros mismos.

Es importante tener amigos, charlar y quedar con gente, pero siempre habrá algún momento en el que no tendremos a nadie porque a nadie le irá bien lo que estamos proponiendo, y entonces llega el momento de la soledad.

Enfrentarnos a la experiencia de vivir solos es un reto que puede aportarnos unos beneficios considerables.

Organizamos nuestra vida a nuestra manera, entramos, salimos, hacemos y deshacemos sin tener que rendir cuentas a nadie, descansamos, nos activamos, comemos o limpiamos la cocina cuando nos viene bien, invitamos a quien nos apetece y lo ordenamos todo a nuestra manera. En fin, que vivir solo tiene muchas cosas positivas.

Está claro que luego pueden surgir momentos en los que el silencio que expresan las paredes que nos rodean puede ser tan fuerte que nos cree incluso una cierta angustia. Eso es algo que debemos aprender a controlar. Pero no es ese silencio el que nos provoca angustia, sino, de nuevo, nuestro ruido interno. Con el silencio del exterior escuchamos el ruido de nuestro interior. Y eso, a veces, asusta. Nos vemos obligados a mirarnos y, le prestemos atención o no, el ruido está ahí. Y aprender a gestionar eso tiene un valor incalculable porque significa regresar a nosotros, a la paz, a la calma.

Cuando hemos comprendido la vida en mayor profundidad, cuando nos hemos dado cuenta de que somos y estamos hechos de lo mismo y que esa misma vida está en ti, en mí y en cada uno de nosotros, entonces la soledad ya no tiene sentido. Podemos deshacerla cuando queramos, y esos instantes, que en otro momento hubieran sido de máxima angustia, se convierten en instantes tal vez creativos, tal vez de máxima inspiración; instantes en los que se nos ocurren cosas o ideas; instantes en los que comprendemos, en los que trascendemos, en los que sanamos. Y nos damos cuenta de que, lejos de ser un peligro, son regalos maravillosos que nos hace la propia vida para darnos la oportunidad de sanar y de crecer. Se trata de instantes que traen luz y que nos sorprenden infinitamente por todo lo que logramos ver con esa luz.

A pesar de la angustia inicial que nos produce nuestra forma de concebir e interpretar la soledad, cuando ya nos encontramos de lleno en ella, si no podemos hacer nada para cambiar la situación, si el único camino que hay es aceptarlo, algo cambia. Si, a pesar del profundo malestar, seguimos ahí, aguantando, sin lanzarnos a los brazos de la primera persona que se nos cruce sin criterio alguno, nuestro cerebro se rinde, se relaja, deja de quejarse, deja de remar a contracorriente. Soltamos el victimismo que no nos lleva a nada y aún nos deja más expuestos, vulnerables y solos. Y es entonces cuando se produce la rendición.

◇◇◇◇◇◇◇

Al rendirse, una vez aceptada la realidad de la soledad, tomando conciencia de que no queda otra opción que seguir adelante, el cerebro trata de buscar nuevas opciones y nuevos caminos.

◇◇◇◇◇◇◇

Y como por arte de magia, empieza a ver opciones, personas u oportunidades que, en realidad, siempre habían estado ahí. Empezamos a ver a «nuevas» personas que ya teníamos cerca, empezamos a escucharlas de verdad, empezamos a abrirnos más y de una forma diferente con ellas. En definitiva, lo que ocurre es que se produce un cambio respecto a cómo habíamos sido o funcionado hasta ese momento. Y al cambiar no es que nos convirtamos en alguien nuevo, sino que en muchas ocasiones lo que ocurre es que recuperamos o reconectamos con el ser que hay en nosotros. Nos recuperamos a nosotros mismos. De nuevo, o por primera vez. Y eso, tal y como ya he escrito muchas veces en este libro, es algo que solo puede darse estando solos. A solas. Contigo.

Cuando uno se enfrenta a sus miedos y se lanza a la soledad, dándose cuenta de que puede estar solo y estar bien, se vuelve también más auténtico, relajado, luminoso y verdadero.

ANEXOS

ANEXOS

CUESTIONARIO DEL MIEDO A LA SOLEDAD

Responde a las siguientes preguntas con V («verdadero») o F («falso») para descubrir si tienes miedo a la soledad.

1. (V) (F) Piensas que solo lograrás ser feliz de verdad cuando encuentres una pareja.
2. (V) (F) Te deprimes a menudo con el pensamiento de que no quedan hombres o mujeres que valgan la pena, con lo que eso significa para ti.
3. (V) (F) Acostumbras a aceptar cualquier cosa/trato/persona con tal de no caer en el bando de los solteros.
4. (V) (F) Das más importancia y valor al hecho de tener o no pareja que a todos tus logros profesionales.
5. (V) (F) Te deprimes y te sientes mal cuando alguien cercano a ti se casa y tú ves que sigues sin pareja.
6. (V) (F) Si no tienes pareja, sientes que el balance de tu vida es claramente negativo, sin importar nada de lo demás.
7. (V) (F) Cuando tienes una relación, te aferras a ella, lo aguantas todo y no pones límites de ningún tipo.

8. (V) (F) Te sientes incapaz de elegir personas buenas para ti, que encajen con lo que deseas y te mereces, e incapaz de poner fin a situaciones incluso de maltrato.

9. (V) (F) Ves que tu relación no va bien, pero te aterra sacar el tema porque sabes que te puede llevar a la ruptura.

10. (V) (F) A menudo te comportas de forma excesivamente complaciente con los demás.

Si obtienes más respuestas V que F, esto significa que no te llevas bien con la soledad y que deberías seguir un proceso para trascender los miedos que esta te provoca, y descubrir así el placer de estar contigo mismo.

VISUALIZACIÓN PARA EL CAMBIO NEUROASOCIATIVO

Busca un lugar tranquilo. Cierra los ojos y conecta con tu respiración. Siente cómo con cada inhalación y exhalación vas entrando cada vez más en contacto con tu cuerpo y este se va haciendo más presente.

Es como si cada nueva burbuja de oxígeno acariciara las paredes de tus órganos internos y los hiciera más conscientes de ti, en la misma medida que tú eres consciente de ellos. Puedes sentir cómo con cada inhalación tus pulmones se llenan de aire, y este recorre todo tu cuerpo desde los pies hasta el punto más elevado del cerebro.

Ahora piensa en esa situación que sabes que deberías cambiar, en esa decisión que deberías tomar de forma firme y contundente, sin dudas ni titubeos, pero que hasta ahora no has sido capaz de afrontar. Observas en ti ciertos miedos, esas sombras alargadas que te asustan y te obligan a detenerte, a mantenerte a salvo, en tu zona de confort, en la que, no obstante, no creces ni evolucionas ni te liberas.

Ahora miras hacia delante y ves una puerta. Acércate a ella y ábrela. Cruzas al otro lado de la puerta y llegas a un cine lleno de butacas vacías. De repente, en la pantalla aparecen dos palabras: «Toma asiento». Decides obedecer y te sientas en una butaca. Las luces se apagan y empiezas a ver imágenes. Te das cuenta de que en ellas estás tú. Te ves un poco más mayor, pero se trata de ti sin ninguna duda. Sigues observando y de repente lo entiendes todo.

Han pasado unos diez años. Eres tú y tu vida dentro de diez años. Diez años en los que todo ha permanecido igual de lo que está hoy, en tu presente. Y te ves ahí, aún en esa relación tan destructiva, conociendo a otras personas interesantes con las que piensas que estarías mejor, pero sin haberte atrevido a intentarlo. Tu rostro se ve triste, incluso con trazas de amargura y de resignación. Has engordado, o tal vez te has quedado en los huesos por la ansiedad o la depresión con la que decidiste sobrevivir.

Tal vez sigues aún en ese trabajo o con esos amigos que no te aportan nada. Da igual, la situación no importa. Lo que es importante es que te das cuenta de que, pasados diez años de tu vida, todo sigue igual.

En la pantalla hay un espejo. Tu imagen se acerca al espejo y al mirarse, no puedes evitar empezar a llorar. Diez años más así, diez años más así... No sabes cuántos te quedan de vida ni qué calidad tendrán. Tal vez tu salud empeorará, si no lo ha hecho ya, por todo lo que estás aguantando. Sea lo que sea, es una situación que en el fondo no quieres aguantar.

Tal vez tu pareja te acabó dejando y no lo superaste. Y te das cuenta de que han pasado diez años y no has sido capaz de rehacer tu vida, de volver a conectar con la ilusión, la alegría y las ganas de vivir, de disfrutar de las cosas maravillosas de la vida, de conectar con otras personas que te nutran y te inspiren, de perseguir nuevos retos, de construir nuevos sueños... Tal vez sigues preguntándote por qué, actuando y arrastrándote como si fueras una víctima desvalida en un mundo lleno de incomprensión.

¿De verdad crees que lo peor de este mundo es lo que te ha pasado a ti? ¿De verdad crees que no es posible superar eso que has vivido? ¿Que esa persona valía tanto como para que sin ella ya nada tenga sentido para ti? Es una persona, nada más. Una entre miles de millones. Hay muchas más, y al fin y al cabo, si te dejó, es porque no quería estar más contigo, y eso ya no depende de ti ni está en tus manos.

¿Quieres seguir así diez años más? ¿Sintiéndote incapaz, insuficiente y culpable?

¿Cuáles crees que serán las peores consecuencias de decidir cambiar? ¿Qué es lo peor que puede ocurrir si decides cambiar y dar ese paso al frente? ¿Cuál es el peor de los escenarios que tienes en mente?

Es posible que, al llegar a este punto, algo haya cambiado en ti. Que primero conectes con la pena y la tristeza más profundas, al plantearte soltar y desprenderte de algo a lo que te has aferrado durante mucho tiempo, ese sueño infantil de que todo iba a volver a ser como antes, como tú habías imaginado, como tal vez nunca fue en realidad.

Pero si no huyes, si sigues ahí, valiente y confiando, podrás sentir ese cambio, esa especie de liberación. Como si te desprendieras de un peso al que te habías acostumbrado, y que al sentir cómo se suelta y se aparta de ti, te genera un gran bienestar.

Te das cuenta de que tenías miedo, pero si aguantas como el que aguanta un fuerte viento huracanado, tratando de mantenerse en pie y dando pequeños pasos hacia su objetivo, llega un momento en el que el viento se debilita, se afloja y se suaviza, y se transforma en una brisa que acaricia el rostro. Te das cuenta de que todo pasó, de que esa agresiva tormenta se convirtió en paz, en silencio, en armonía. Y te sientes con poder y con energía. Miras hacia el cielo y respiras hondo mientras te dices sonriendo que lo has conseguido.

Has atravesado el miedo y te has dado cuenta de que, en realidad, al otro lado de ese miedo no había nada. Le has mostrado a tu cerebro que, si das ese paso, obtendrás placer, bienestar y equilibrio, y podrás seguir creciendo y sentirte feliz. Le has mostrado que debe acompañarte sin poner más impedimentos, que debe calmar al miedo para que no te impida avanzar porque ese es el único y verdadero camino.

Y así termina la proyección, pero tú sigues unos instantes inmóvil en tu butaca. Cierras un momento los ojos y tratas de digerir todo lo que acabas de ver. Los cambios son positivos, y si los llevas a cabo, si te atreves a hacerlos a pesar del miedo, bien consciente de que los quieres realizar, te van a aportar muchas sorpresas agradables.

VISUALIZACIÓN DE LA LUPA

Cierra un momento los ojos y haz un par de respiraciones. Ve conectando poco a poco con la respiración, con el aire que entra y sale de tus pulmones lentamente, llenándolos y vaciándolos por completo. Con cada inhalación te llenas de paz y seguridad, y cada exhalación te despoja de todos tus miedos e inseguridades. Siéntelo cada vez que inhalas y exhalas. Siente cómo tu cuerpo se va relajando, se va destensando, va confiando más en ti y se va volviendo más liviano y abierto.

Ahora imagina que puedes verte desde fuera. Trata de verte como si pudieras salir de tu cuerpo y observarte desde cierta distancia. Imagina que tienes un aparato mágico, una especie de lupa con la que te miras. Vas acercándola cada vez más a ti, de forma que puedes ver tu piel desde muy cerca. La ves desde tan cerca que puedes incluso observar los huecos que hay en el tejido que la forma. Y si observas más de cerca aún, puedes ver las moléculas que este tejido contiene. Y acercándote aún más, agrandando más la imagen, llegas incluso a apreciar los átomos. Y acercándote más, ves también los protones, neutrones y electrones que contiene cada átomo. Y así vas llegando cada vez más profundo. Con cada nuevo acercamiento te das cuenta del enorme espacio infinito que hay entre cada una de las partes que ves. Y cuanto más te acercas, más espacio descubres.

Ahora vas a ir al revés. Te vas a ir alejando, poco a poco, hasta que vuelvas a verte desde fuera. A continuación, miras hacia el universo y haces lo mismo, pero a la inversa. En vez de adentrarte en tu cuerpo, te alejas de él. Te alejas cada vez más. Sales incluso de la atmósfera terrestre y ves la Tierra desde la distancia. Vas graduando la lente y puedes ver también, a través de esa lupa, el resto de los planetas. Te alejas hasta el punto en que puedes ver todo el Sistema Solar. Qué pequeños somos, ¿verdad?

Ahora te alejas aún más y ves toda nuestra galaxia, la Vía Láctea. Te sigues alejando más y puedes ver también otras galaxias alrededor de la nuestra, con otros miles de millones de estrellas y planetas que giran alrededor de cada una de ellas. Cuanto más te alejas, más galaxias aparecen en el vasto espacio que te rodea.

Y ahí, en ese momento, observa lo que sientes. ¿Te das cuenta? Todo es lo mismo. El espacio que hay entre los átomos de tu piel es el mismo que hay entre los planetas y entre las galaxias. Todo forma parte de ese todo que nos contiene a todos y que nos rodea. Todos estamos formados por ese mismo espacio. El espacio que hay entre nuestros pensamientos es el mismo espacio que hay entre nuestras palabras, entre nuestros átomos, entre nuestras manos o entre nuestros miedos. Todos formamos parte de ese espacio que podemos observar a nuestro alrededor y del espacio que no podemos observar a simple vista, pero que es importante que tengamos en cuenta, que sepamos que está y que, por formar parte de él, habita también en nosotros.

Porque cuando somos conscientes de esto, nuestra vida ya nunca más vuelve a ser la misma. Cuando logramos comprender esto, ya nunca más volvemos a sentimos solos. Porque somos parte de ese mismo todo; ese todo y ese espacio que habita en mí es el mismo que habita en ti y en todas las cosas que forman parte de nuestro interior y de nuestro mundo exterior. Está todo conectado.

VISUALIZACIÓN DE LA IRA

Cierra los ojos y realiza un par de respiraciones muy lentas y profundas. Observa cómo va entrando lentamente el aire, cómo llena tus pulmones y cómo luego estos se van vaciando, poco a poco, hasta quedar vacíos por completo.

Inhalas luz, exhalas oscuridad.
Inhalas paz, exhalas malestar.

Pero te das cuenta de que hay algo dentro de ti que te incomoda especialmente, que te aprieta por dentro. Es como una presión en algún punto que te cuesta definir e identificar, pero que te genera malestar. Es un ruido cada vez más fuerte y que, a momentos, se hace especialmente molesto.

Tratas de silenciar un poco más la respiración, de bajar tu propio volumen para escuchar con más atención qué es lo que ese ruido está tratando de expresar.

Imagina que consigues apartarte de cualquier sonido que haya a tu alrededor y te concentras totalmente en ese ruido interno. Y en ese momento te das cuenta, lo ves claro, por fin lo comprendes. Es la rabia.

Trata de ubicarla, de ver en qué zona se encuentra instalada dentro de ti. ¿La ves?

Al verla, te das cuenta de que ya lleva tiempo ahí y del malestar que te ha estado provocando.

Conecta con ella. ¿Qué forma tiene? ¿Qué color?

Acércate un poco más. Como si pudieras bucear en el mar de tu mundo interior. Con cada brazada te vas acercando a ella, estás cada vez más cerca, hasta que la tienes delante. Ahí está.

Y le preguntas: «¿Qué haces ahí? ¿Cuál es tu función? ¿Por qué haces tanto ruido y molestas tanto?».

Deja que te responda. Escúchala.

Te cuenta nerviosa que ella solo trata de protegerte. Genera enfado en ti cuando alguien abusa o no te trata como te mereces. Te explica que en algunas personas no se activa y luego corren peligro de que las maltraten y de que pierdan su dignidad. Ella es la que te ayuda a poner límites y a levantar muros siempre que sea necesario con determinadas personas, situaciones o cosas.

Mientras la escuchas, puedes comprender muy bien su función. Y al comprenderla, te sientes también muy agradecido. Te ayuda mucho y es una emoción que hace un grandísimo bien a muchas personas. Sin embargo, hay algo que no encaja en tu caso, así que debes hablar con ella.

Acércate un poco más. Puedes acariciarla suavemente y con ternura para que se dé cuenta de que no estás ahí para juzgarla, para criticarla o para hacerla desaparecer. Nada de eso.

«Querida rabia, en primer lugar, gracias infinitas por la labor que realizas y por todo lo que me cuidas y ayudas. Eres muy importante para mí, muy buena y muy necesaria. Gracias de todo corazón. Gracias por ayudarme a poner límites y a protegerme cuando lo he necesitado. Siento mucho agradecimiento por todo lo que has hecho por mí.

»Sin embargo, ahora debo decirte que en este momento ya no estoy en peligro y que puedes permitirte un descanso. El ruido que has generado me ha ido bien para enfrentarme a los cambios que necesitaba (ya fueran o no deseados), pero ahora debo adaptarme a la nueva situación.

»Como te digo, no estoy en peligro. Y si en este punto sigues presente, acabo sufriendo más de la cuenta porque me recuerdas con demasiada fuerza todo lo que me ha ocurrido y así no logro trascender el dolor.

»Ahora debo ser capaz de aceptar la situación que estoy viviendo. Deseada o no, es mi realidad, y lo que ha ocurrido no puedo cambiarlo, por lo que si me genera rabia, esa rabia se queda dentro de mí y no puedo hacer nada con ella porque no puedo cambiar el pasado.

»Necesito que te relajes, que te suavices, e incluso que ahora te duermas y descanses hasta que surja algo para lo que te necesite y vuelvas a acudir a mí. Sé que, si es necesario, volverás, que estarás a mi lado y que jamás me dejarás. Sé que puedo contar contigo y que no me abandonarás.»

Y te das cuenta de que, con estas palabras, la rabia se ha hecho mucho más pequeña, se ha relajado mucho y su ruido es ya casi imperceptible. Apenas se oye. Y al desaparecer ese ruido, desaparece el enorme peso que sentías al inicio cuando conectaste con esta emoción. Su peso se ha diluido con ella y ya casi no la sientes.

Te das cuenta de que siempre va a estar ahí, y deseas que siempre esté por si la necesitas. Pero también has aprendido que, si a pesar de haberse activado en tu interior, su presencia y su actuación interfieren de forma negativa en tu vida, tú eres quien puede decidir qué hacer con ella.

Desde el rechazo, nada cambia y nada mejora. Pero como todo, si eres capaz de tratarla con cariño, mimo, afecto y amor, vas a lograr escucharla, comprenderla y hacer que ella comprenda también si en este momento es necesaria o no para ti.

Las emociones nos protegen de ciertos males o peligros. Actúan siempre en nuestro propio beneficio, pero a veces no son necesarias o no las necesitamos con la intensidad con la que se comportan o con el volumen en que lo hacen. En esos casos nos producen más malestar que bienestar y pueden acabar haciéndonos más mal que bien. Y en esos casos debemos darnos cuenta de que somos capaces de transformarlas en algo mucho más positivo y beneficioso para nosotros.

Desde ese estado de paz y tranquilidad, haz un par de respiraciones profundas y muy lentas. Tus pulmones se llenan despacio de oxígeno renovado, puro, limpio, y expulsan a continuación el dióxido de carbono con todo aquello que ya no necesitas y está listo para desecharse.

Inhalas paz, exhalas oscuridad.
Inhalas paz, exhalas oscuridad.

Inhalas paz. Y desde esa paz interna, que es la misma que puedes percibir en tu entorno externo, abres lentamente los ojos cuando lo sientas y entras de nuevo en contacto con tu realidad. Sin rabia y en paz.

VISUALIZACIÓN DE LA TRISTEZA

Acomódate en una silla o túmbate en un lugar tranquilo y silencioso en el que puedas relajarte.

Es importante que sientas una sensación de seguridad y que, de entrada, conectes simplemente con tu respiración. Observa cómo entra el aire en tu cuerpo, cómo lo recorre por dentro como si fuera una ola que no deja de pisar ni un solo rincón y luego se va del cuerpo, dejándolo completamente vacío.

Y te das cuenta de que a su paso va dejando una profunda sensación de bienestar. Sin embargo, es un bienestar curioso, peculiar. Es un bienestar que, a pesar de estar presente, se ve interrumpido por un ruido de fondo. Aunque no es muy estridente, es un ruido constante que, si no haces nada para que cese, puede acabar calando en ti y creando consecuencias muy negativas.

Sigues respirando lentamente, y al ritmo de tu respiración tranquila decides adentrarte en las profundidades de tu mundo emocional. Sientes que ese ruido es producido por una emoción, aunque de momento no acabas de tener claro cuál es la que lo provoca.

Buceas hacia dentro, sumergiéndote cada vez más hondo con cada respiración, hasta que llegas al centro de ese ruido y ves claramente qué es lo que lo provoca. Ves claramente cuál es la emoción que hay detrás del ruido: la tristeza.

La tristeza está ahí, lamentándose, sufriendo y haciéndose daño a sí misma, igual que haces tú al conectar con ella. Habías conectado con ella sin ni siquiera darte cuenta. Porque la tristeza está muy a menudo ahí, aunque no seamos conscientes de su presencia. Actuamos en consecuencia, pero no nos vemos a nosotros mismos actuando a través de ella.

Y ahora lo acabas de ver. Acabas de sentirla ahí, en el fondo de ti.

Observa en qué parte de tu cuerpo puedes ubicarla.
¿Dónde está?
¿Qué forma tiene?
¿De qué color es?

Acércate más a ella.
¿Qué textura tiene?
¿Cómo te sientes al verla?

Acércate un poco más aún.
¿Puedes escuchar lo que trata de decirte?

Pregúntale por qué está ahí y qué es lo que pretende. Trata de averiguar cuál es su función.

Te explica que en momentos difíciles, de pérdidas o de cambios importantes para ti, ella trata de conseguir que no te vayas fuera de ti, que no te separes de ti ni trates de evadirte con distracciones que te impidan comprender lo que te está ocurriendo o lo que necesitas en ese momento.

Te cuenta, entre sollozos, que solo intenta que te cuides, que busques el cariño de quienes te quieren, que busques otros corazones que te abracen, te acaricien y te mimen, pero que antes debes haber sido capaz de hacerlo también tú contigo mismo. Que no puede ser de otra forma.

Ella es la que, al hacerte conectar con tu dolor, te ayuda a conectar también con tu niño interior, con tu parte vulnerable. Es la que te recuerda que, en determinados momentos, estamos solos y que eso es malo y peligroso.

Pero tú sabes que, en realidad, en muchos momentos, no lo es. Acércate más a la tristeza. Dale tú ahora esos abrazos, ese cariño y esos mimos que ella tanto trata de que consigas, haz que se sienta segura y amada por ti. Habla con ella ahora.

«Querida tristeza, quiero que sepas que te agradezco muchísimo la labor que realizas desde siempre en mi interior. Muchas gracias por tratar siempre de protegerme y por hacerlo en todo momento pensando en mi bien y en lo que es mejor para mí. Eres muy importante para mí, y sé que cuando tú te activas y generas ruido en mi interior, es siempre para que yo tome conciencia de algo, para que yo crezca y mejore, para que ponga en marcha determinados mecanismos que son necesarios en ese momento para mi propio crecimiento y supervivencia.

»Sé que en los momentos en los que tú te activas, en los que conecto contigo, es en los que busco recogimiento, busco quedarme a solas, llorar, dejarme sentir o tratar de trascender determinados bloqueos que me paralizan y me atascan.

»Sé que te activas cuando vivo una pérdida que me produce dolor. Sé que cuando apareces, es porque percibes que en mi vida va a haber menos de algo, cuando sientes que nunca más voy a tener algo que he tenido hasta ahora, en definitiva, cuando no tengo más remedio que experimentar una pérdida en algún ámbito o aspecto personal, social o profesional.

»Y también sé que eres muy necesaria y que cuando te activas, me haces mucho bien. Me ayudas a sumergirme en mi propio dolor, el dolor que producen los cambios a veces inesperados o indeseados, y eso me hace bien, porque debo adaptarme a la nueva situación. Tal vez tendré que atravesar un proceso de duelo, pero sé que tú formas parte de él y que tienes una función imprescindible.

»Pero también quiero que sepas que ahora ya has hecho tu labor conmigo. Por lo menos en este momento. Y no puedo seguir impregnándome de ti, porque, de ser así, no seguiría adelante en mi camino, con mi proceso. No puedo quedar atrapado en la tristeza porque en ese caso me hundiría en el victimismo y estar en el papel de víctima no es nada bueno, ni positivo ni mucho menos saludable.

»Te necesito, pero ahora debes retirarte. Debo trascender el dolor, una vez consciente de él, una vez que lo he comprendido y analizado, y seguir adelante con el siguiente capítulo de mi vida.

»Si quedo atrapado en ti, puedo caer en una depresión, y allí tú ya no me estarías ayudando. Ya no estarías cumpliendo tu función, sino que me habría soltado de ti, pero al mismo tiempo me habría perdido en tu interior. Y si me pierdo, ya no soy quien controla mi vida y mis emociones, y yo debo controlar siempre lo que estoy sintiendo.

»Comprendo que tú te activas automáticamente cuando sientes que es necesario que aparezcas, pero soy yo quien debe decidir si te sigo dando cabida o si me acerco a ti para hablarte y hacerte comprender que, aunque te agradezco mucho todo lo que has hecho por mí, ya puedes descansar.

»Y ahora ha llegado el momento de que descanses. Gracias de todo corazón. Ahora voy a seguir yo, a construir y decidir cuáles van a ser los siguientes pasos que voy a dar, a reconectar con mi parte fuerte, valiente, y con mis ganas de seguir creciendo y apostando por los nuevos retos y las nuevas aventuras que la vida tiene para mí.»

Y te das cuenta de que la tristeza se ha hecho mucho más pequeña y se ha silenciado por completo. Es como si se hubiera calmado o dormido. Ya prácticamente no está, o casi no la ves. Se ha ido diluyendo, y en su lugar ha quedado una paz muy profunda y sincera. Muy tranquila y serena.

Estás en calma. Te sientes bien.

VISUALIZACIÓN DEL MIEDO

Busca un lugar en el que puedas tumbarte o relajarte durante los próximos minutos. Encuentra una postura cómoda y cierra los ojos. Toma una respiración profunda, inhalando el aire y después exhalándolo muy despacio. Sin juzgar, observa cualquier sensación física o emocional que estés sintiendo ahora. Simplemente acepta las emociones que sientas, pues las emociones, las sensaciones y los pensamientos van pasando, van fluyendo como si fueran páginas de ese libro que hojeas superficialmente antes de decidir comprarlo, sin detenerte ni profundizar demasiado en cada página. Las observas lo justo y necesario.

Pero, de repente, al observar esas emociones, te das cuenta de que hay una que puedes sentirla mucho más fuerte. Percibes el ruido que hace muy por encima de las demás. Se va haciendo cada vez más ruidosa, hasta el punto de que logras identificarla sin margen de error: es el miedo.

Trata de ubicar esa emoción de miedo dentro de tu cuerpo. Tal vez la sientes en el pecho, o en el estómago, o en el cuello... Obsérvala con atención mientras sigues respirando lentamente.

¿Qué forma tiene?
¿De qué color es?

Y si tuvieras que ponerle un nombre a ese miedo, ¿qué nombre tendría? Déjatelo sentir, como si las respuestas surgieran de forma automática desde alguna parte de tu interior.

Obsérvalo y siéntelo.

Te conviertes en el observador de tu propio miedo aquí y ahora.

Es como si fuera algo separado de ti. Lo observas como si ni siquiera te perteneciera.

Justo en ese instante en el que lo estás observando desde fuera te acercas un poco más al miedo y te das cuenta de que también, puedes escucharlo, de que puedes oírlo y te está hablando.

No acabas de entenderlo, pero decides acercarte un poco más y ves que está temblando. Tiembla como una hojita suave azotada por un viento fuerte.

Al ver esto, te entran unas fuertes ganas de abrazarlo. No sabes por qué, pero son unas ganas que nacen de tu interior... y lo haces. Lo abrazas fuerte como por intuición, como si ahora, frente a él, te sintieras a salvo de cualquier mal del que el miedo supuestamente intentaba protegerte. Tú eres la única persona capaz de darte seguridad.

Y mientras lo abrazas y lo sientes tan cerca, pregúntale con mimo y cariño: «Eh, ¿qué te pasa? ¿Qué te ocurre? ¿Qué es lo que tanto temes?».

Escucha su respuesta. Lo escuchas y al mismo tiempo tratas de calmarlo.

Lo imaginabas. Es el miedo a la soledad, a no encontrar a nadie más que te quiera, con quien compartir, con quien hablar, con quien pasar buenos momentos, o quien te tienda una mano cuando lo necesites. En definitiva, te das cuenta de que tiene miedo por ti, porque no quiere que sufras. Solo trata de protegerte del abandono, del aislamiento y de la soledad.

Te explica que hace ruido en tu interior, te incomoda y te genera malestar para que así actúes, hagas algo, te pongas en marcha por algún camino que te asegure que no caes en ese espacio que él tanto teme porque considera tan peligroso para ti.

Comprendes que solo está ahí para cuidarte y protegerte. Entiendes su función, pero te das cuenta de que ha llegado el momento de hablar con él.

Te acercas de nuevo a su oído y ahora le hablas con mucha más calma y dulzura de la que incluso tenías prevista.

«Querido miedo, no sabes cuánto te agradezco todo lo que haces por mí, por intentar protegerme y cuidarme siempre, sin descanso. Y gracias a ti, a ese ruido que has creado en mi interior, me he dado cuenta de que debo pasar a la acción, de que debo prepararme para enfrentarme a esta nueva situación en mi vida. De que es una situación que, si no llevo de forma correcta, puede incluso ser peligrosa para mí. Pero al mismo tiempo también quiero que sepas que gracias a ti ahora lo he visto y voy a ponerme con ello para resolverlo bien.

»Las pérdidas nos asustan y eso es normal, porque puede que no seamos capaces de hacerles frente. Pero quiero que sepas que soy totalmente capaz de salir adelante. Sé que no debo aislarme. Sé que no debo quedarme en este estado de soledad. Que debo activarme y seguir mi camino. Y voy a empezar ahora mismo.»

Explícale a tu miedo que la soledad no es mala, que te conecta contigo y con la vida, con el silencio en el que están escritas todas las posibilidades del mundo. Explícale que la soledad te permite regresar a ti, a tu esencia, a tu ser, y que eso no es malo, siempre que sepas combinarlo en la justa medida con el contacto con los demás, con volver a levantarte después de una caída, con volver a construir después de la destrucción.

Al explicárselo al oído, sientes que ya no tiembla. Ahora ya está tranquilo y se ha suavizado, e incluso ha cambiado de color.

A continuación, ahora que está más tranquilo, explícale lo que tienes pensado hacer a partir de ahora para que vea que no debe sufrir y que no hay peligro, que no vas a caer en ese pozo frío y oscuro que él tanto temía. Explícale qué acciones harás para no perder el contacto con los demás:

Explícale de forma espontánea lo que se te ocurra que puedes empezar a poner en práctica a partir de ahora para cultivar esa parte social y evitar el sufrimiento del que él trataba de protegerte.

Al fin y al cabo, si sufres o has sufrido en algún momento, tampoco es tan grave. Ahora ya sabes cómo transformar esa emoción. Abrázala, escúchala, trata de comprenderla, sé agradecido con ella y explícale por qué ya no necesita seguir actuando de esa forma. Haz que se tranquilice, que baje su volumen, y verás qué ocurre.

Ahora tal vez te das cuenta de que ese miedo se ha hecho asombrosamente pequeño o ha cambiado por completo. Puede que incluso haya desaparecido.

Y sientes paz en tu interior. Una paz muy profunda y renovada. Una paz tranquila, serena. Una paz sin miedo y llena de calma y bienestar.

Trata ahora de mantener ese estado de paz durante el resto del día. Cuando te acuerdes, detente, siente y luego sigue.

Haz un par de respiraciones bien profundas y lentamente, cuando lo sientas, vas abriendo los ojos.

VISUALIZACIÓN: AMAR LA VIDA

Detente de nuevo. Respira hondo un par de veces. Despacio, lento, profundo. Trata de sentir la vida dentro de ti, la vida que contienes, la vida que habita dentro de tu cuerpo. El cuerpo la «contiene» para que no se escape, y con la vida en tu cuerpo puedes moverte, compartir, experimentar y, lo más importante de todo, puedes amar.

Respira e imagina que puedes sentir cada una de las moléculas de oxígeno que entran por tu nariz, te recorren y llenan por dentro tus pulmones. Ahora acaricia suavemente la hoja de papel de este libro, pero hazlo de forma muy suave y delicada, tratando de sentir cada poro que este contiene, cada irregularidad que a simple vista ni siquiera percibías. Toca suavemente la superficie del pantalón que llevas, por encima de tu pierna. Debe ser un movimiento muy muy suave y lento. Siente cada ranura de la tela. O acaricia suavemente la mesa que tienes delante, muy suave. Siéntela, conecta con ella, que está formada por lo mismo que tú. También esa mesa contiene vida, igual que el sofá que tienes al lado, o ese cuadro o las teclas del ordenador desde el que estoy escribiendo estas líneas. Por muy sólido que parezca, en su composición está el mismo «vacío» que habita en todo, y al amarlo, te estás amando también a ti y a la vida.

Cuando logras sentir esa expresión de vida en tu interior y la integras, puedes llegar a sentir la inmensidad de la vida en ti, sentir que tú eres una expresión de esa vida. Cuando permitimos que la vida se exprese, cuando conectamos con ella y le permitimos ser desde lo más profundo de nosotros, la propia vida se ordena a sí misma y nos ayuda a ordenar procesos emocionales, psicológicos y biológicos, y facilita la sincronía para que aparezcan las personas adecuadas y las situaciones idóneas para que nos situemos en nuestro verdadero lugar (si es que aún no lo habíamos encontrado o nos habíamos despistado) o nos reafirmemos en él (si es que teníamos dudas).

Cuando caminamos de la mano de la vida, pasamos de percibirnos como seres aislados a sentirnos parte de un todo que se expresa de millones de formas. En ese momento conectamos con una experiencia de vida que no conoce el tiempo ni la distancia. Todo está hilado y pasamos a posicionarnos y a concebirnos como consciencia; consciencia de nuestra propia expresión de vida que está unida al resto de expresiones e interactúa en sincronía perfecta con la totalidad.

Cuando acaricias esta forma de vivir la vida, de vivirte a ti, la soledad y el miedo a la vida desaparecen, se desvanecen. De repente te sabes unido a todo y conectas con la sabiduría de todos los tiempos.

No obstante, para poder llegar a ese nivel de vida, la soledad es nuestra aliada. La que, bien vivida, nos ayuda a conectar con la inmensidad más profunda.

Es la misma vida que se expresa de formas diferentes, y cuando la acaricias de esa forma, sintiéndola con suavidad, la estás amando. Eso te conecta con el amor, y el amor es la clave y el sentido de todo.

¿Eres capaz de amar el cuadro que tienes delante? Míralo. Obsérvalo. Siéntelo. Está hecho de lo mismo que tú. Eres tú, pero en otro formato. Sin embargo, si eres capaz de sentir amor en tu interior al verlo, al tocarlo o al acariciarlo, te estás amando también a ti y estás irradiando amor a tu alrededor.

Cuando somos capaces de conectar con la vida que habita en nosotros, con la vida que contenemos y con la vida que contiene todo cuanto nos rodea, somos capaces de conectar también con el amor. El amor es la esencia de todas las cosas.

Y cuando entiendes que tú eres una expresión de la vida, una forma a través de la cual la vida se manifiesta y se experimenta a sí misma, también puedes darte cuenta de que todo cuanto nos sucede nos aporta algo de gran valía. Todo lo que vives te da la oportunidad de aprender algo que va a beneficiarte en algún aspecto. A veces, el dolor que determinadas experiencias nos producen es tan grande y profundo que no somos capaces de ver ni entender más allá de ese mismo suceso. Puede incluso que quedemos atrapados en la rabia y el rencor, o en la tristeza y la desesperanza. Eso son, al fin y al cabo, señales de que no comprendemos que la vida nos ha elegido para vivir eso y que, si lo trascendemos, lograremos alcanzar un nivel más alto de conciencia, de claridad y de entendimiento. Trascenderlo es liberarnos. Trascenderlo es conectar con la luz que nos permitirá comprenderlo desde otro punto más elevado, que nos aportará más paz y serenidad.

Ante cada contratiempo, plantéate una y otra vez la misma pregunta: «¿Qué me está tratando de enseñar/decir la vida con esto?».

No imaginamos la cantidad de información que puede contener la respuesta a esta pregunta. No imaginamos la cantidad de claridad y de luz que nos puede aportar atrevernos a buscar esa respuesta, porque nos protege de quedar atrapados en el papel de víctima, esa que entra en la queja y en los lamentos absurdos (más allá de los necesarios en la parte inicial de un proceso de duelo ante una pérdida del tipo que sea) y no nos deja ver lo que hay detrás de ese suceso. Quedar atrapados en el victimismo es como quedar encapsulados en un espacio sin aire, sin luz y sin esperanza. Quedarse en el papel de víctima es olvidar que estás aquí para aprender y para crecer, para vivir unas experiencias que te permitirán trascender tus propias limitaciones, sea en el nivel que sea. Y, sobre todo, podrás conectar con que lo que la vida quiere de ti es que mejores tu capacidad de amar.

Ahora, si has llegado a conectar con estas sensaciones, es momento de salir lentamente de esta visualización y que trates de mantener esta nueva conciencia en tu día a día. Podrás repetirla tantas veces como te apetezca o necesites.

SUMARIO